互联网+农产品
品牌建设案例精选

张光辉 ◎ 编著

暨南大学出版社
JINAN UNIVERSITY PRESS

中国·广州

图书在版编目（CIP）数据

互联网+农产品品牌建设案例精选 / 张光辉编著.
广州 ： 暨南大学出版社，2024. 10. -- （新时代中国乡
村振兴）. -- ISBN 978-7-5668-3972-5

Ⅰ. F326.5

中国国家版本馆 CIP 数据核字第 2024C5Q852 号

互联网＋农产品品牌建设案例精选

HULIANWANG + NONGCHANPIN PINPAI JIANSHE ANLI JINGXUAN

编著者：张光辉

出 版 人：阳　翼
责任编辑：曾鑫华　黄亦秋
责任校对：刘舜怡　黄晓佳
责任印制：周一丹　郑玉婷

出版发行：暨南大学出版社（511434）
电　　话：总编室（8620）31105261
　　　　　营销部（8620）37331682　37331689
传　　真：（8620）31105289（办公室）　37331684（营销部）
网　　址：http：//www. jnupress. com
排　　版：广州市新晨文化发展有限公司
印　　刷：广东信源文化科技有限公司
开　　本：787mm×960mm　1/16
印　　张：13. 25
字　　数：235 千
版　　次：2024 年 10 月第 1 版
印　　次：2024 年 10 月第 1 次
定　　价：48. 00 元

（暨大版图书如有印装质量问题，请与出版社总编室联系调换）

前　言

随着电脑、手机的普及和信息化技术的快速发展，互联网电子商务已成为商品交易的主要方式。据统计，2023 年我国网上零售额达到 15.426 万亿元，比上年增长 11.0%，连续 11 年成为全球第一大网络零售市场；其中实物商品网上零售额为 13.017 万亿元，占社会消费品零售总额比重增至 27.6%，创历史新高。新冠疫情给电商带来了发展机遇，全球在线零售额从 2019 年的约 2 万亿美元增加到 2022 年的 3.3 万亿美元，增长 65% 以上。2020—2022 年，我国生鲜电商交易规模（增速）分别为 3 641.3 亿元（42.54%）、4 658.1 亿元（27.92%）和 5 601.4 亿元（20.25%），三年间增长 192.76%。中国已成为世界第一大农产品电商国。据阿里研究院统计，新冠疫情期间区域公用品牌农产品在阿里电商平台的整体复购率为 26%~28%；品牌农产品不但销售增长快，且溢价能力更强，如粮食类和水产类品牌溢价均超过 60%，部分品牌如五常大米等品牌溢价甚至超过 100%。

2018 年，中共中央、国务院出台的《关于实施乡村振兴战略的意见》提出，深入推进农业绿色化、优质化、特色化、品牌化。2018 年 6 月，农业农村部贯彻实施该文件的精神，发布了《关于加快推进品牌强农的意见》，为农产品品牌建设做了全方位布局，提出通过品牌建设带动农业产业化发展和效益提升。2021 年 3 月，农业农村部印发了《农业生产"三品一标"提升行动有关专项实施方案》，正式提出了"三品一标"的新内涵，即品种培优、品质提升、品牌打造和标准化生产。品牌打造是实现农产品优质优价的关键路径；品牌打造有利于促进农业生产要素的合理配置；品牌打造有利于弘扬中华农耕文化，提升我国农产品的国际竞争力；品牌打造有利于推进乡村全面振兴，增加农民收入；品牌打造有利于提升消费者的信任度和忠诚度，促进农产品电商可持续发展。

在互联网时代，品牌打造催生新业态、发展新模式、拓展新领域、创造新需求。品牌农产品借助电商平台和网络新媒体传播，有潜力在短时间内成为爆品，使滞销的农产品迅速售罄。商务部、中央网信办和国家发改委制订的《"十四五"电子商务发展规划》和国务院印发的《"十四五"推进农业农村现代化规划》均明确指出：要扩大电子商务进农村覆盖面，实施"数商兴农"行动，推进互联网＋农产品出村进城工程，培育农产品网络品牌。

品牌是由物质要素、精神文化要素、人的行为要素三者有机融合的整体，是一种包含产品属性、价值理念、名称、标记、符号或图案的无形资产。美国广告专家莱利·莱特曾指出："未来的市场营销是品牌的竞争——品牌互争短长的竞争……品牌才是公司最宝贵的资产，拥有市场唯一的途径就是拥有具有市场优势的品牌。"那么，在互联网时代如何打造爆款品牌农产品？如何建设互联网＋农产品品牌？如何将线下营销与线上营销紧密结合实施 O2O 农产品品牌营销？如何通过互联网＋品牌建设促进农村第一、二、三产业融合发展和乡村振兴？如何通过打造互联网＋品牌带动我国农产品走向世界？我们可以通过现实中已取得成功的案例学习和思考，寻找互联网＋农产品品牌建设的可行方法和途径。

本书从中国众多的互联网＋农产品品牌中，选取了十三个建设成效显著的案例。这些互联网＋农产品品牌都是与互联网电商和网络营销密切相关的案例，主要涉及两大类别：一类是网络爆款品牌农产品（含加工食品），如"李子柒""轩妈""网易味央""认养一头牛"等；另一类是经营多种农产品的以网络平台销售为主的企业品牌，如"三只松鼠""良品铺子""沱沱工社""叮咚买菜""顺丰优选""美团优选""朴朴""百果园""盒马鲜生"等。书中对每一个互联网＋农产品品牌的创建背景、核心理念、品牌塑造、市场推广、品牌运营和管理等都进行了详细叙述和分析，总结了其品牌建设成功的主要经验。

本书的编撰形式与作者已出版的《农产品品牌建设案例精选》（暨南大学出版社，2022 年）基本一致，该书选编了十六个经典农产品品牌，最后一章"结语：农产品品牌建设有章可循"对十六个案例的主要经验进行了归纳总结，得出农产品品牌建设过程中四个最重要的共性经验：重点打造特色产品、精心设计名称标志、大胆创新营销策略、严格执行市场监管。本书介绍了十三个以互联网电子商务为依托成长起来的互联网＋农产品品牌，其品牌建设的经验非常丰富，而且还在与时俱进变化中，新的互联网＋农产品品牌仍在不断涌现，故作者没有单独列一章对其共性经验进行归纳总结，读者可以参阅《农产品品牌建设案例精选》一书的有关内容，与本书一并阅读、思考。作者希望通过对十三个典型案例的介绍和分析，对我国互联网＋农产品品牌建设实践起到示范和借鉴作用。

本书可供农业院校经济、管理类各专业的专科生、本科生、研究生（含农业专硕、MBA）使用，也可作为农业生产经营者、农业管理者、农业服务工作者、新型职业农民的培训教材，还可供对农产品品牌建设问题有兴趣的读者阅读、研究。

本书案例素材主要来自作者为本科生和研究生讲授的"品牌管理""企业管理案例分析""农产品市场营销""农产品营销专题""营销案例分析"等课程的学生作业，选修有关课程的学生做了大量的资料搜集工作；在编写过程中，研究生于甘雨、李彤祉、杨嘉浩、杨广等做了一些资料搜集、整理及分析工作；本书参阅了许多文献资料，吸收了有关方面的成果；暨南大学出版社曾鑫华编辑等为本书出版付出了辛勤劳动，在此一并表示衷心的感谢！

由于编写时间紧迫，特别是互联网营销方法和手段与日俱增，借助互联网打造的农产品品牌层出不穷，因而书中难免存在一些疏漏和不足之处，恳请读者不吝赐教，以便修订再版时加以改进、提高。

本书得以出版，还要特别感谢华南农业大学经济管理学院院长罗明忠教授、市场营销系系主任林家宝教授的大力支持，将本书纳入了经济管理学院专业建设教材系列资助出版计划。

张光辉
2024 年 2 月

目 录
CONTENTS

第一章
火遍网络的美食品牌——李子柒

| 案例简介

"李子柒"为人名品牌，其创始人为李子柒本人。2015年，李子柒首次尝试制作短视频。2016年，她制作的短视频《兰州牛肉面》引起了全网的热议，一举成名。2017年，她以"李子柒"的名义组建了一个团队，所开发的"李子柒"牌柳州螺蛳粉、藕粉、鲜花饼、绵阳米粉等系列美食受到消费者的一致好评。李子柒螺蛳粉通过线上短视频的宣传，不到两个月就火爆市场，月销量突破千万袋，并很快坐上了线上螺蛳粉行业第一的位置，成为当下网络最受欢迎的快餐食品，不仅食用方便，也满足了消费者对美味食品的需求。

李子柒团队采取"短视频打影响力—积累粉丝—电商变现"的运营模式，借助网络新媒体，迅速提高知名度，提高产品市场占有率。2018年8月，李子柒天猫旗舰店开业，推出五款美食产品，上线6天销量就突破了15万件。2020年，李子柒品牌产品在各网络平台的总销售额突破了16亿元，同比增长300%。李子柒品牌产品的打造，也带动了地区相关产业大发展：如在李子柒螺蛳粉的引领下，2023年上半年柳州市的螺蛳粉全产业链销售收入已达到300亿元。

李子柒品牌核心价值表现在中国饮食文化与中华优秀传统文化的有机结合。以弘扬中华文化自信为基础，李子柒品牌既获得了政府机构和主流媒体的大力支持，又为品牌传播注入了强大的传播动能，促进了产品的销售，提高了消费者对品牌的忠诚度。

第一节　品牌产生背景及发展情况

一、品牌产生背景

"李子柒"品牌的创始人原名李佳佳，而李子柒这个名字则出自其QQ空间。当时，李佳佳只有20岁，为了跟上时尚潮流，她想要在QQ空间中留下一个让人难忘的名字，她想起了她很喜欢的凤凰卫视主持人曾子墨，认为若自己的名字也带有一个"子"字，则显得有文化修养。李佳佳是7月出生，所以7是她的幸运数字，而大写的"柒"是汉字，则更加美观，就这样，"李子柒"的名字诞生了。

尽管李子柒只有高中文化程度，但她拥有超强的学习能力和毅力。当《舌尖上的中国》播出时，她从中学习，仔细观察每一台摄像机的摆放位置，努力寻找更加美观的视角。2016年《兰州牛肉面》这部精心制作的短视频在网络上热播之后，李子柒这个名字开始为人知晓，越来越多的人开始关注"李子柒"本人和她推介的产品。

2016年9月，李子柒与杭州微念品牌管理有限公司（简称"微念"）正式签署了经纪合约，双方约定由李子柒负责创作内容，微念负责运营推广、资金投入，推广费用由双方共同承担。此后，李子柒品牌知名度越来越高，她本人也成了"网红"。

二、品牌发展情况

自李子柒和微念公司合作以后，李子柒品牌得到快速发展。其秉持"传统生活时尚化，地方特色美食国际化"的理念，努力推广并弘扬中华优秀的饮食及文化，陆续开发出了螺蛳粉、藕粉、魔芋凉皮、紫薯蒸糕、蜂蜜柚子果酱、牛肉酱、鲜花饼、豆制品等各种食品。

李子柒品牌建设有以下重要时期和事件：

（1）2017年7月，李子柒和微念联手创办了四川子柒文化传播有限公司，专门宣传美食文化。同年10月28日，"李子柒"商标获国家商标总局审核通过。同年12月，李子柒团队进驻抖音。这一年李子柒的视频全网播放次数超过了三十亿次。同年，李子柒在海外发布原创短视频后陆续得到了YouTube平台白银和烁金创作者奖牌，粉丝数突破100万，她被外国网民誉为"来自东方的神秘力量"。

（2）2018年8月，李子柒与"朕的心意·故宫食品"联合推出了一款全新的苏造酱，引发了热烈反响。同年8月17日，李子柒天猫旗舰店正式开业。

（3）2019年8月，李子柒出任成都非遗宣传大使；2019年中秋，李子柒将千年民间纸浮雕艺术与四川非物质文化遗产皮影戏手法完美融合，打造出一款珍藏级花灯月饼礼盒，令人叹为观止。11月，李子柒在第六届前门历史文化节开启为期半月的快闪活动。同年荣获超级红人节最具人气博主奖；当选《中国妇女报》"2019十大中国妇女人物形象"。

（4）2020年5月19日，李子柒受聘成为第一届国家农家丰收节宣传大使。同年5月，李子柒品牌与《人民日报》新媒体联手打造"爆款"柳州螺蛳粉，推广期间销量突破300万袋，销售额达到5 000多万元。同年中秋、国庆双节期间，李子柒携手天安门文化中心推出"我爱北京天安门月饼礼盒"，献礼国庆、中秋双节。

（5）2021年2月2日，李子柒以1 410万的YouTube订阅量刷新了由其创下的"YouTube中文频道最多订阅量"的吉尼斯世界纪录。同年4月，李子柒品牌启动"了不起的东方味道"巡回活动，走进全国不同城市深挖当地传统美食文化。7月14日，李子柒在社交媒体上发布了"柴米油盐酱醋茶"系列的最后一期视频，从此销声匿迹。

（6）2022年6月，李子柒获"中国非遗年度人物"称号。2022年淘宝年货节期间，李子柒螺蛳粉的销量一路飙升，荣登天猫品类榜螺蛳粉榜单第一名，而藕粉、红糖姜茶等爆款食品的月销量都在10 000份以上。同年12月，在绵阳市中级人民法院的调解下，李子柒与老东家微念达成了和解。

（7）2023年9月，李子柒以"中国农村青年致富带头人协会中国农民丰收节推广大使"身份发布了一条短视频。

第二节 品牌标识与市场定位

一、品牌命名与标识

李子柒品牌的命名源自其创始人李子柒，品牌 LOGO 如图 1-1 所示。

图 1-1 李子柒品牌的 LOGO

李子柒品牌的 LOGO 直接以李子柒的名字来设计，加强了和品牌创始人之间的关联度，有利于加深消费者对品牌的印象。其采用传统书法加印章的设计方式，体现了浓浓的中国风特色，符合其品牌传统美食的主题。在颜色的选择上，黑色相比于饱和度较高的色彩有很明显的凸显效果，在众多的同类品牌之中有很好的视觉捕捉力；"柒"字进行了红色印章设计，增加了品牌 LOGO 视觉识别点。此外，黑色书法字象征着理性、成熟、权威、严肃、专业、良好品味，在鱼龙混杂的美食市场中带给消费者更加趋于理性化的品牌形象。该 LOGO 给人简洁、稳重、易识别的感觉，且具有很好的延展性，便于应用在更广泛的场景里；在传播中容易与品牌和产品结合，增加用户和品牌之间的情感黏性。

二、市场定位

1. 品牌核心价值

李子柒品牌致力于将中国传统美食文化发扬光大，通过制作精彩的短视频、提供独具特色的文化体验、推出精心定制的 IP 产品，打造中国原创 IP 品牌。李子柒品牌以一个勤劳能干的女性形象作为自我品牌的代言人；它讲述中国文化，叙述中国故事；它是有温度的、与年轻人有共同价值观的互联网品牌。

2. 品牌产品主要特点

（1）突出李子柒个性化形象。李子柒是其品牌短视频中的唯一主角，从始至终，其鲜明的个人形象成为贯穿其所有短视频不变的主题。李子柒在短视频中的个人形象突出、明确且稳定，非常符合海外用户心目中对东方女性的预设印象。在故事情节中，她注重塑造一个劳作在田野和森林中的温柔、勤劳的中国传统女性形象。她的成长经历和视频中的形象完美地融合在一起，构建出一种勤奋、坚强、孝顺、独立的女性形象。李子柒不仅是品牌短视频中的记忆点，也是李子柒品牌最好的代言人。

（2）展现乡村田园风貌。李子柒的作品中，她把天地间的大美和四季的轮换融合在一起，以春夏秋冬为节律，通过短视频将乡村风貌和自然美景展现得淋漓尽致、夺人眼球，让人感受到中国乡村的独特文化与田野的秀丽风光。

（3）充分挖掘地方特色美食。李子柒的产品有配料丰富、包装多样、特色鲜明、制作工艺地道的特点。"李子柒柳州螺蛳粉"短视频展示了李子柒精心挑选原材料的全过程，特别是汤料包精心选择了花生、腐竹、酸笋，并搭配木耳、萝卜干等作为原料，还经过长时间的熬制，一碗螺蛳粉给人带来气味鲜香、口感浓郁、味道劲爆的独特感受。四川绵阳米粉也是李子柒率领团队，耗费 18 个月研发而成，将绵阳米粉的绵柔细滑和四川的麻辣风味结合在一起，给人带来独特的美味享受，获得了很多追随者。李子柒品牌的柳州螺蛳粉和绵阳米粉都已成为网上畅销品（见图 1 - 2）。

图 1 - 2 李子柒品牌的柳州螺蛳粉与四川绵阳米粉

3. 市场定位策略

李子柒食品将传统的中国美食文化与现代的健康生活方式相结合，提供给消费者更多的选择，让消费者在尝试新鲜地道美食的同时，也能享受到健康的生活方式。李子柒品牌产品主要是针对追求健康、环保、新鲜的 20～30 岁的年轻人，为他们提供口感独特、营养丰富的美食。

第三节　品牌营销策略

一、主要营销策略

1. 线上营销策略

李子柒品牌的线上营销策略主要体现在消费者行为模型 AISAS（Attention，Interest，Search，Action，Share；即注意、兴趣、搜索、行动、分享）几个环节上，具体内容如下：

（1）通过各种自媒体平台成功引起大众注意（Attention）。随着自媒体影响的扩大、用户的增加以及短视频的兴起，李子柒及时采取网络营销策略，开始尝试和专业制作团队合作，打造国风美食视频，并将其发布在各大网络平台。值得一提的是，李子柒发布视频的平台非常多：美拍、微博、抖音、哔哩哔哩、小红书、YouTube 中文频道、Facebook 等，这些平台各有各的特点，使用人群多样，可以吸引更加广泛的注意，提高品牌的曝光度。

实际上，视频的发布成功吸引了众多网民的注意。李子柒逐渐成为中国传统美食和文化的一个重要象征，她通过视频立体展示了特色美食的烹饪技艺和丰富的饮食文化内涵，深受消费者的喜爱，广受年轻人追捧。李子柒视频一直处于超级流量的状态，成为各大自媒体平台的超级"网红"，吸引了大量的粉丝群体的注意力。

（2）借助内容营销吸引客户兴趣（Interest）。李子柒通常向制作团队提出自己的创意想法，制作团队再花很长时间写脚本、打磨脚本，研究拍摄手法，通过制作精良的创意内容丰富短视频。李子柒的出色内容创作，是其获得网民高度关注和超级流量的一个重要因素。

在拍摄短视频时，李子柒非常注重营造出一个美丽的情景画面。她经常会使用特写镜头和近景来清晰地展示食材。其拍摄方式通常是俯拍，这样可以更完整地呈现食材的细节和制作过程。在剪辑时，尽量让画面衔接流畅自然，并且注重场景的切换。在音乐上，更倾向于使用古典纯音乐，使配乐与画面相得益彰，展示出田园牧歌式的生活境况。在李子柒的美食视频中，从食材的种植到食物的烹饪再到摆盘，无不显示其独特的魅力，无不在呈现一个独立、坚强、自信、美丽的中国女性形象。李子柒通过创造与品牌价值相吻合的内容 IP，塑造出品牌人格化形象，展示出品牌的独特个性。这样一来，内容营销吸引了客户的兴趣，而形成的品牌差异化成为客户识别品牌的工具。

（3）热点话题、跨界合作等引爆大众搜索（Search）。李子柒品牌的知名度高源自其视频内容在网络媒体上的广泛传播。每当李子柒的视频上线发布，就会产生许多关于李子柒个人的标签词条与热点话题讨论。例如，李子柒被称为"手最丑的网红"，还有"李子柒的短视频内容算不算文化输出？""中国应该再多些李子柒式的人物"等讨论，使得李子柒 IP 获得了极高的流量和搜索热度。

李子柒品牌不仅与《人民日报》、天安门文创、国家宝藏等拥有官方影响力的媒体或 IP 进行跨界合作，还与新浪、腾讯等大型互联网企业展开深度合作，将李子柒品牌产品以全新的包装形式和有趣的广告进行宣传，赢得了广大消费者的青睐。李子柒品牌利用跨界合作的优势，在各大社交媒体平台上迅速受到关注，吸引了众多粉丝，不仅扩大了品牌影响力，还提高了品牌知名度和用户忠诚度。

（4）搭建互动交流平台刺激线上消费行动（Action）。在一些美食视频里，李子柒将自家品牌的产品制作过程展现给观众，观众能更清晰直观地了解产品，并且视频下方会附上对应的产品链接，直接省去了观众的搜索成本，进而完成销售转化。李子柒在微博上不仅发布了一系列视频，其"小作文"也是一大亮点。她在"小作文"里不仅讲述了视频制作的过程，还分享了最近的心得体会，以及对粉丝评论的回应等，粉丝们也纷纷留言。这种互动的形式，不仅能够拉近李子柒和粉丝之间的距离，更能够使她与粉丝们建立起一种朋友般的情感联系。粉丝自然地形成了一个强大的社会群体，他们彼此关系亲密，分享自己的经历、感受，并且相互推荐体验感好的产品，从而起到了促销的效果。

（5）口碑营销策略扩大产品分享（Share）。在互联网时代，人们可以在电商平台或社交媒体上发布自己的购物经历、使用商品的感受和对商品的评价，这种线上的信息共享有助于扩大品牌影响力。2017 年李子柒开始选择 YouTube 和 Facebook 来开拓国外市场，李子柒的视频以一种新的形式为国外友人展示不同一面的中国，唯美、诗意的东方生活让李子柒在海外吸引了 1 400 多万的粉丝，李子柒品牌系列产品也踏入了国外市场。

李子柒将一些地方特色美食拍摄成短视频，再通过新媒体传播，引起观众兴趣并促成购买品尝，进而在朋友圈中推荐分享，使之很快成为畅销品。柳州市政府一直非常重视螺蛳粉这一地方特色小吃，但由于缺乏有效的品牌建设，螺蛳粉的市场占有率一直不高。经过李子柒的短视频宣传，柳州螺蛳粉的月销量很快就超过 100 万件，从而促进了柳州市螺蛳粉产业的快速发展。柳州市政府借助"李子柒"品牌影响力全力以赴推进螺蛳粉产业"三个百亿"的发展目标。

2. 线下营销策略

李子柒品牌的线下营销策略主要是体验营销。在李子柒品牌成立的前三年，重点是抓线下渠道建设和产品研发，这有助于配合线上品牌宣传。在成立三周年之际，李子柒品牌在全国多个城市同步开展了线下快闪店庆典活动，包括来店体验拓印、石墨台、七夕祈福等传统文化活动，以及聆听古筝、观赏舞蹈、品鉴茗茶、品尝美食等；李子柒还到现场与粉丝们合影留念，在与粉丝们面对面的交流中，加深了消费者对品牌的认知。

各种线下宣传活动，拉近了与粉丝之间的距离，带给消费者沉浸式的品牌体验，从而提高了消费者对李子柒品牌的忠诚度及消费终端的渗透率。此外，快闪店为消费者提供一种温馨氛围，并传递一种亲近大自然的田园牧歌式生活氛围，激起人们对中国传统文化的热爱。

二、不同发展阶段营销策略

1. 市场导入期

2015—2017 年属于李子柒品牌的市场导入期，这一时期其采取的主要营销策略如下：

（1）签约 MCN 公司，进行专业化运营。李子柒最初主要是在微博、抖音等社交媒体上宣传，以精彩的视频作品吸引粉丝。随着粉丝数量的增加，她加入MCN 公司，开启了专业化、多平台账号运营，其传播内容越来越丰富多彩，为年轻消费者所喜爱。

（2）打造有影响力的 IP。李子柒团队明确地把 IP 的重点放在中国的传统饮食文化与乡村文化上，其视频作品大多涉及当地的农耕文化和农事活动，体现出一定的专业劳动技能和工匠技艺。李子柒的独特创作方式，如美丽姑娘、美丽景色和美味食品的"三美组合"画面，让其他创作者很难复制。李子柒利用她本人塑造 IP 形象，以高品质的视频吸引粉丝，传播品牌价值。一般来说，农业劳作比较枯燥辛苦，但李子柒团队通过精心设计，从颜色到构图，到拍摄角度，再到灯光、音乐等，都用心去做，对视频色调、拍摄角度、光影、声效等不断打磨，创造出一种宁静、安逸、诗意般的田园景象，让观众沉浸其中，获得一种恬淡、轻松、愉悦的体验。当越来越多的人开始喜爱李子柒，就慢慢形成了群体意识，李子柒个人 IP 就有了影响力，李子柒品牌就诞生了。

2. 快速发展期

2018—2021 年属于李子柒品牌的快速发展期，这一时期采取的主要营销策略如下：

（1）通过视频内容和情感营销快速增加粉丝。李子柒团队根据大多数消费者对宁静生活的向往，制作了恬静、悠闲的视频内容发布在社交媒体上，引起了消费者的广泛关注。一般来说，随着产品价格的上涨，消费者会变得越来越理性。但事实并非如此，许多时候，消费者在作出决策时，更多的是基于情感，即考虑情感因素和品牌特色。李子柒团队深知用户的情感需求，积极开展情感公关活动，与粉丝进行密切沟通。通过定期的评论、点赞、转发等方式，与粉丝进行深入交流，建立起良好的品牌联系，增强粉丝的归属感，激发粉丝的活力，并且在粉丝群体中形成更多的交流符号，从而提升粉丝的团结感。

（2）多渠道传播。李子柒早期主要通过微博进行宣传，但随着时间的推移，她也开始广泛地于各大社交媒体发布作品，包括抖音、哔哩哔哩、YouTube 和 Facebook 等。现如今，李子柒的作品几乎遍及所有的社交媒体，并且拥有大量的忠实粉丝。李子柒品牌通过推出多种创意的电子商务活动，如定期折扣、超值折扣、特价优惠券，来吸引更多消费者，快速增加了李子柒品牌产品的销量。

（3）品牌文化宣传与产品效果宣传。李子柒的视频虽然未涉及任何商业广告，但其所带来的影响力令人惊叹：她的视频内容可以让消费者深刻领略其品牌价值，从而激起他们的购买欲望。李子柒在各大社交媒体上发布精彩内容的过程，也是将其独特的品牌理念深入到消费者心中的过程，有效吸引更多人加入购买产品的队伍，最终成为李子柒品牌的忠实追随者。

（4）与跨界 IP 合作，实现品牌推广。2019 年 5 月 24 日，李子柒代表李子柒品牌，携手北京故宫，举办了一场隆重的签约仪式，宣告两者正式开启深度合作。北京故宫拥有悠久的历史和众多的文化宝藏珍品，而李子柒品牌蕴含独特的文化价值，受到年轻一代的广泛认可和喜爱；双方开展跨界合作，不仅可以带来双赢，还可以激发出新一代消费者对于传统文化价值观的认同，从而带来更多的品牌社会价值。李子柒品牌还与中国国家地理杂志联合推出"中华遗产×李子柒"系列产品，深受广大年轻消费者喜爱。

3. 休整期

自2021年10月25日李子柒与东家微念公司发生经济纠纷案之后，李子柒本人没有推出新的短视频，四川子柒文化传播有限公司经营处于维持原有状态，营业收入有较大幅度减少。2022年上半年，李子柒品牌在天猫总销量为1.7亿元，较上年同期下滑了51%。据媒体报道，2022年12月27日，随着微念官方微信公众号发布和解公告，微念与李子柒的品牌之争落下帷幕。据"企查查"显示，四川子柒文化传播有限公司已发生多项注册登记变更，杭州微念品牌管理有限公司持股比例由51%减至1%，李子柒持股比例攀升至99%，成为公司的实际控制人。李子柒正在为复出作准备。

第四节　品牌建设主要经验

一、精心制作视频，塑造品牌特色

李子柒在制作视频时，会仔细检查所有的关键点，如镜头的摆放位置，人与景物的距离等，尽量让摄像师的想法更符合她的意愿。此外，李子柒还会亲身完成剪辑工作。虽然李子柒当初使用的是手机软件，功能不是很强，但她还是尽可能将各素材拼接流畅和选择合适的音乐搭配。最初令李子柒声名鹊起的秋千视频，是她从头至尾精心投入，共剪辑了5次，耗费近3天的时间，甚至顾不上吃饭，熬夜通宵制作而成。精心制作正是李子柒的短视频给顾客留下深刻印象的主要原因。

2016年11月，李子柒凭借着她精心制作的《兰州牛肉面》短视频而火遍大江南北，全网播放量超过5 000万次。李子柒为了拍好这一部短片，特地拜访了当地的拉面师傅，并且花费大半年时间在家里日复一日地练习。功夫不负有心人，最后，一部特色鲜明、勾起消费者食欲的《兰州牛肉面》短视频问世了。

为了拍摄出正宗的柳州螺蛳粉制作过程，李子柒特地带领团队去柳州考察了当地出色的螺蛳粉店家，并向非遗老手艺人请教，把握螺蛳粉的制作精髓。之后，地道的柳州螺蛳粉调料包原料配方得以充分展现在视频里，让消费者看到视频就想购买品尝。

二、通过二次品牌传播，不断积累人气

李子柒精心制作出一件美食产品之后，她一般都会通过微博、微信、抖音、哔哩哔哩等平台及时推出各种有趣的抽奖活动，吸引许多粉丝参与，并用转发抽奖的方式赠送礼物、与用户交流，从而更好地实现二次传播。李子柒通过转发抽奖活动，大幅提升了自身的知名度，赢得了大量的忠实粉丝，实现了李子柒品牌与消费者长期良性互动发展。

三、用传统文化进行海外品牌传播，凝聚海外网民

李子柒短视频不仅在国内各大社交媒体和短视频平台上大受欢迎，从 2017 年起，她还积极拓展海外传播渠道，努力抢占海外市场，获取了更多的流量和知名度。截至 2022 年 1 月，李子柒在 YouTube 平台上的粉丝数量已达到 1 650 万。李子柒的海外社交媒体账号已经获得了来自世界各地的 2 000 万粉丝的支持，他们来自两百多个国家和地区，展示了海外市场的巨大潜力。

李子柒短视频之所以在国际上受欢迎，有几个重要的原因：一是中国的烹饪技艺和风格深受国际观众的喜爱；二是中国的传统文化与食材包装的结合形式引起海外网民的强烈共鸣，如展示造纸术的纸包装盒、展示活字印刷术的面饼上印字等；三是李子柒东方女性形象和清新自然的田野风景符合海外的审美主流。李子柒精心打造的各种短片，既使她本人的知名度得到很大提升，又使品牌知名度更上一层楼，更好地将中国的传统美食文化推向了世界。

四、以弘扬文化自信为支点，强化品牌传播动能

我国坚定文化自信，大力弘扬中华文化，为文创产业的发展营造前所未有的良好环境。李子柒抓住了这一机遇，深耕中华优秀传统文化，致力于非物质文化遗产的传承，将中国美食与中国文化有机结合在一起，制作出了深受广大消费者喜爱的视频和产品，充分展现出了文化自信，并且这种展现方式是能被不同文化背景的人接受和读懂的。

李子柒借助各种媒体将中国特色饮食文化作品传播开来。在线上，通过各个网络平台如微博、公众号、抖音等进行传播；在线下，通过快闪店体验活动吸引消费者，并在产品区摆放李子柒品牌产品，增加品牌曝光率。这样一来，以弘扬

文化自信为支点的品牌杠杆战略，既获得了政府机构和主流媒体的大力支持，又为品牌传播注入了强大的传播动能，有效提升了产品销量。

参考文献

[1] 圣珊珊．当下网红品牌的视觉营销策略研究：以自媒体"李子柒"为例［D］．合肥：合肥工业大学，2021：127－129．

[2] 覃晴，徐萌晟．李子柒品牌短视频文化融合及传播路径探析［J］．科技传播，2021（21）：127－129．

[3] 许嘉纯．基于 SIVA 理论对国潮营销策略的探究：以百雀羚为例［J］．现代营销（学苑版），2021（8）：60－61．

[4] 谷枫．农产品品牌差异化策略浅析：以李子柒为例［J］．现代营销（经营版），2020（8）：152－153．

[5] 王祎．文创产品的品牌传播框架构建：以李子柒为例［J］．传播力研究，2020，4（22）：14－16．

[6] 崔梦鸽．自媒体向电商转化的文化根源探析：以李子柒为例［J］．新闻研究导刊，2021，12（10）：21－23．

[7] 吴锐侠．移动电商时代"李子柒"面临的困境及对策研究［J］．企业科技与发展，2020（8）：247－248，251．

[8] 谢龙龙．圈层视阈下内容型短视频的盈利模式探析：以自媒体美食博主李子柒为例［J］．西部广播电视，2020（13）：38－39．

[9] 伍燕青．新媒体平台内容营销策略分析：以"李子柒"为例［J］．记者观察，2019（12）：37．

[10] 桑子文，陶亚亚．李子柒 IP 运营的盈利模式研究：基于"配方式媒介"视角的分析［J］．山东大学学报（哲学社会科学版），2020（2）：40－48．

[11] 杨莹．探析李子柒视频的变现模式［J］．传媒论坛，2021，4（1）：171－172．

[12] 邓莉娟，邓若蕾．试析自媒体时代个人品牌的塑造与传播：以李子柒为例［J］．西部广播电视，2021，42（11）：18－20．

[13] 谢春园，姜棱炜．基于扎根理论的李子柒自媒体社群营销研究［J］．现代商贸工业，2020，41（30）：57－59．

[14] 陈立勇．美食类自媒体品牌传播研究：以美食博主李子柒为例［J］．传

播力研究，2019，3（20）：92－93.

［15］张新宇．消费文化视域下美食类短视频的内容营销策略研究［D］．济南：山东大学，2021.

［16］潘世政．李子柒品牌发展分析［EB/OL］．https：//www.fx361.com/page/2019/1020/7819377.shtml.

［17］Morketing．李子柒品牌联名中国国家地理·中华遗产：用联名连接"传统文化"与"大众"［EB/OL］．https：//www.sohu.com/a/751952528_622097.

第二章
"网红"蛋黄酥第一品牌——轩妈

▎案例简介

"轩妈"是广西轩妈食品有限公司所拥有的品牌,创始人是韦福献和廖晋平夫妇。2015年,轩妈蛋黄酥首次投放市场。2016年9月,轩妈提出了以"爱"作为品牌核心价值,秉承"有爱才有味"的经营理念,开创了全新的蛋黄酥品类。轩妈通过市场调查,从原料、工艺流程对传统蛋黄酥进行改良,推出了新型轩妈蛋黄酥系列产品。2020年,轩妈品牌年营收近5亿元;2023年4月,轩妈公司完成超亿元的B轮融资;已在广西南宁和浙江嘉兴建立3个工厂,拥有近20条先进的自动化生产线。

轩妈注重技术创新和管理创新,坚持将产业发展和科技进步紧密相结合,参与制定了蛋黄酥加工全过程的行业标准,积极探索网络营销。轩妈品牌利用社交媒体、电商平台和内容营销等多种数字化营销手段,使产品快速触达年轻消费者。2022年轩妈品牌的线上渠道销售占比达70%以上,已做到蛋黄酥品类第一名。2021—2023年轩妈多次被新媒体研究机构评选为"网红蛋黄酥第一品牌"。

第一节 品牌产生背景及发展情况

一、品牌产生背景

轩妈品牌的创始人是韦福献、廖晋平夫妇。丈夫韦福献说：其实，轩妈的第一创始人应当是太太廖晋平。他们的第一个孩子叫轩轩，在轩轩出生后廖晋平就放下工作，全职当起了家庭主妇。轩轩有些挑食，廖晋平就费尽心思，尝试做各种手工零食给轩轩吃。有一次，廖晋平做了蛋黄酥，轩轩竟然一口气吃了三个，还一直闹着要吃，廖晋平当时就很受鼓舞，并记住了孩子的这一喜好。之后，廖晋平常常做蛋黄酥给轩轩吃，还尝试不同的风味做法。有一回，轩轩请小朋友们来家里做客，小朋友们都说廖晋平做的蛋黄酥好吃，轩轩自然也很骄傲地炫耀："这是我妈妈做的！"再后来，有几个小孩的妈妈来到轩轩家向廖晋平讨教蛋黄酥的做法，看着大家吃着蛋黄酥时温馨的画面，廖晋平和韦福献突然很想向更多的朋友传递这种美食和快乐，于是，"轩妈蛋黄酥"的创意就诞生了。

韦福献说，他2013年就开始在淘宝卖货，当时他选择了淘宝网上别人没有卖过的东西——榴莲饼；那个时候，榴莲饼对于国内来说还是比较新奇的食品；而且榴莲价格也比较贵，有高档水果的价值感。于是，韦福献选了当时最好的越南榴莲饼来卖，结果没想到，生意一下就火起来了，两人就此赚取了第一桶金。然而，随着时间的推移，网上卖榴莲饼的商家越来越多，榴莲饼价格越来越便宜，最后榴莲饼生意变得没有什么盈利空间了。韦福献开始寻找新的商机。

也真是巧合，"轩妈蛋黄酥"正是韦福献所要寻找的有盈利前景的新产品。为什么用自己太太的昵称作为品牌名称呢？韦福献表示，"轩妈"旨在提醒消费者，孩子们喜欢吃这样的蛋黄酥，并且"轩妈"这个名字也充满了温暖的气息。于是，2015年韦福献和廖晋平夫妇创办了广西轩妈食品有限公司，其主打产品就是"轩妈蛋黄酥"。

二、品牌发展情况

创始人韦福献夫妇于2015年正式推出了新鲜美味的轩妈蛋黄酥。轩妈公司采用自主研发的订单管理和分销系统，实行"当天订单、当天生产、不仓储"

的运营管理模式，确保网上下单后 36 小时之内实现产品交付。起初，轩妈只是通过朋友圈口口相传获得良好的口碑，后来通过微商、分众传媒等打响了广告，从而提高了品牌知名度，快速扩大了销量。

"轩妈"品牌建设有以下重要时期和事件：

（1）2015 年，广西轩妈食品有限公司于广西南宁市正式注册成立。

（2）2018 年，轩妈公司一次性投入 800 多万元成立了产品研发中心，并建立"轩妈体验中心"，为消费者提供一个近距离观察、接触轩妈蛋黄酥生产过程的平台。同年"双十一"，轩妈天猫旗舰店的销售额超过 600 万元。

（3）2019 年 8 月 7 日，申请注册"轩妈"商标（2020 年 4 月 7 日获国家商标总局审批通过）；9 月 27 日，申请注册"轩妈蛋黄酥"商标（2020 年 10 月 21 日获审批通过）。同年，轩妈蛋黄酥荣获三项国际大奖——世界食品品质评鉴大会奖、国际口味品鉴所（ITQI）国际顶级美味奖章、香港标准及检定中心（STC）优质正印证书，并作为广西品牌代表受邀参加第 30 届香港美食博览会。

（4）2020 年"双十一"，轩妈蛋黄酥全网总销售额突破 3 255 万元。同年，轩妈蛋黄酥和轩妈芝士酥荣获第 59 届世界食品品质评鉴大会银奖。

（5）2021 年 9 月，轩妈公司提出并牵头制定了蛋黄酥行业标准，宣告这一行业正式进入拥有标准的时代。同年 11 月，轩妈蛋黄酥入围"毕马威中国新国货 50 榜单"。到 2021 年底，轩妈蛋黄酥的销售量已经超过 3 亿颗，多次登上天猫行业类目排行榜 TOP1。同年，轩妈蛋黄酥斩获 2021 中国特色旅游商品大赛银奖；"轩妈蛋黄酥全面质量管理实施经验"被评为广西工业企业质量管理标杆。轩妈蛋黄酥连续 2 年获得 STC 优质正印证书，连续 3 年获得世界食品品质评鉴大会奖和 ITQI 世界美味大奖。

（6）2022 年度第一批"专精特新"中小企业评选中，轩妈食品子公司——广西朗盛食品科技有限公司（简称朗盛公司）获评 2022 年度第一批广西壮族自治区"专精特新"企业。

（7）2023 年 6 月 30 日，轩妈公司发布中秋订货会成绩，成交额超过 1.41 亿元。

第二节 品牌标识与市场定位

一、品牌命名与标识

"轩妈"的命名源自其创始人廖晋平女士，她的孩子叫"轩轩"，轩轩很爱吃她做的蛋黄酥，故取品牌名为：轩妈。轩妈的商标如图2-1所示。

轩妈LOGO的设计整体上表现流畅、自然，结构舒展、松弛有度；笔画具有现代感、动态感、欢快感；"轩"和"妈"中都有一个半圆形，既像笑口，又像蛋黄酥的形状，寓意与"幸福""吃""食物"有关联。字体颜色为鲜亮活泼的红色，让品牌呈现年轻且富有朝气的形象。在产品包装方面，"轩妈"LOGO设计于包装盒正面，显得简洁、有辨识度（见图2-2）。

图2-1 轩妈商标及品牌LOGO

图2-2 轩妈产品包装盒图案

二、市场定位

1. 品牌核心价值

轩妈品牌的核心价值寓于"爱"，轩妈传递"妈妈对孩子的爱""家庭亲人的爱""朋友之间的爱"。轩妈创始人说，真心的爱，源于精心挑选的食材；用心的爱，源自手工制作的匠心精神。为了使消费者吃到新鲜可口的蛋黄酥，轩妈提出的服务理念为：动销配合、快速交付。

2. 品牌产品主要特点

（1）美味的产品。打开包装，色香撩人，顿生食欲；浓郁纯正的香味，酥脆细薄的外皮，软糯劲道的雪媚娘，香甜绵软的红豆沙，沙酥咸香的咸蛋黄；甜咸相宜、软韧适中的口感。这就是"最好吃的蛋黄酥"——轩妈蛋黄酥。

（2）优质的原料及配方。"没有好蛋黄，轩妈不开工"，这是轩妈对原料的优选和质量保证。除了挑选优质咸蛋黄，还选用天然牛乳黄油，加入雪媚娘，并根据不同口味加入精心挑选的原材料，如红豆、芝士等，从而保证所生产的蛋黄酥的高品质。

（3）可靠的生产过程。轩妈生产线是可视化的，有专门的带透明玻璃墙的通道可以让顾客参观，所生产的每一颗蛋黄酥实行"一物一码"，每一批蛋黄酥都是可以溯源的。生产系统和销售系统是联动的，前端订单数据会及时反馈到生产车间，实现无缝对接，提高了生产效率，降低了生产成本。

3. 市场定位策略

起初，轩妈蛋黄酥定位的主要目标人群为儿童、少年、青年人。上市后，因轩妈蛋黄酥口感酥软，也很受老年人喜爱，故成了老少皆宜的特色产品。2020年，轩妈蛋黄酥尝试将自家产品与中秋节消费场景联系在一起，在中秋节来临前，开展了一场以"今年中秋流行 吃轩妈蛋黄酥"为主题的中秋营销活动，此次活动还为年轻消费者解决了中秋送礼难题，开辟了一个新市场。此后，轩妈蛋黄酥又成了中秋节送礼佳品，成功扩大了市场定位。

第三节　品牌营销策略

一、主要营销策略

轩妈早期营销主要是通过朋友圈、微商进行的，后来扩展到天猫、京东等大型电商平台，同时适当发展线下经销商。轩妈蛋黄酥的成功"出圈"离不开社交口碑和电商平台发展。轩妈品牌的主要营销策略如下：

（1）线上营销。一方面，轩妈主要利用淘宝、京东等电商平台进行销售。另一方面，轩妈还通过采用当下流行的直播带货（如抖音平台）营销模式，在不同的季节和节日里开展相应的营销活动，从而获得了良好的口碑和可观的销量。

（2）线下营销。主要利用线下门店等场所进行销售。轩妈通过与盒马、山姆会员店、家乐福、美宜佳、全家等进行合作，借助全国上万家连锁店进行线下市场的布局，使其产品成为在便利店、生鲜店和超市随时可买到的美味零食。

（3）O2O营销。轩妈建立了"互联网＋烘焙店的鲜美品质"O2O新零售模式。这种线上与线下紧密结合的营销模式，让轩妈蛋黄酥打破传统短保食品的销售局限，畅销各大城市，成为名副其实的网红蛋黄酥品牌，并带动广西特色食品产业发展，开启了新的电商时代。轩妈自主开发了一套完整的订单管理系统和线上分销系统，利用先进的数据库技术、高效的物流配送服务，确保订单物品36小时内完成交付，使消费者可以及时体验到轩妈的优质产品。

2021年10月，轩妈食品获得第一财经广播主办的第二届企业创新实践大赛的"商业模式创新实践大奖"。评委会的点评是：轩妈食品开创了基于数字化驱动实时在线提供"烤炉到舌尖"的美味短保烘焙产品的新商业模式。

图2-3 轩妈蛋黄酥的"小酥酥"

（4）IP营销。轩妈在社交平台上一直以"小酥酥"的可爱形象与大家见面（见图2-3），因为轩妈深知"萌"文化在年轻群体中的火热程度，所以创立了一个可爱的小蛋黄酥的形象，也因此获得了大量的粉丝。要获得广泛关注，凭借单一的形象是完全不够的，于是轩妈推出了一系列以"小酥酥"为主体的卡通视频，讲述轩妈生产线上的故事。

为抓住年轻人市场，轩妈于2019年与当时大热的IP——《魔道祖师》联名，推出四款新口味蛋黄酥。轩妈还一直与《熊熊乐园》IP合作，推出亲子体验项目，吸引了许多家庭的注意。体验项目的内容包括：自助餐、趣味游戏、DIY蛋黄酥、与熊熊合影、神秘工厂探索、与熊熊的欢乐时光、颁发荣耀证书、发放精美礼品、集体拍照留念等。轩妈还会安排摄影师进行跟拍，捕捉孩子们的每一个美好瞬间。此外，轩妈蛋黄酥还打破传统概念，联合百威、乐乐茶等多个品牌，推出了联名礼盒、微醺蛋黄酥等产品，互助互推，使"蛋黄酥"元素衍生出了更多的新产品，开拓更多的新市场。

2020 年中秋节，轩妈在抖音上发布了《一只 66 鸭的使命》动画视频：一只离家出走的"66 鸭"踏上探险之旅，一路上奇遇频频，走遍千山万水，克服重重困难，终于抵达最高殿堂"轩妈蛋黄酥工厂"，助力它的宝宝"C 位出道"。整个视频凭借着趣味性和创意博得了 Z 世代① 群体的赞赏。如今，轩妈的"蛋小酥"账号已拥有 290 多万粉丝，收获高达 2 100 多万的点赞量。

（5）节日营销。轩妈善于抓住节日的红利，借势节日营销，这是一种迅速传播、高效触达的营销形式。在竞争激烈的食品饮料行业，品牌对于节日营销的重视程度越来越高，母亲节也成了品牌借势营销的必争之节。2021 年母亲节，轩妈蛋黄酥以其独特的视角，突破传统，将"温情"化为"行动"，创新推出母亲节限时"忙"盒，并发起"中国妈妈去行动"主题活动，鼓励每一个被柴米油盐占据了生活的妈妈，走出家门，去尝试更精彩的生活。这些创意活动为消费者带来了多重惊喜，成功吸引了广大消费者的眼球。

轩妈与脱口秀名人李雪琴携手打造 TVC（电视广告短片），还邀请李雪琴的妈妈贾女士首次出镜，并以"灵魂互换"形式演绎体验新鲜生活。在镜头里，贾女士不仅抢了李雪琴手里的轩妈蛋黄酥，更是抢了她的"饭碗"，精彩的桥段与脱口秀的演绎形式，让 TVC 的内容趣味十足，产生了 1 + 1 > 2 的传播效果。在 TVC 的传播节奏上，轩妈更是步步为营。以"李雪琴今天不对劲"话题制造悬念，到李雪琴微博首发 TVC，再以"李雪琴饭碗被抢了""中国妈妈去行动"双话题斩获极高的讨论热潮。正值话题热度高点，轩妈蛋黄酥母亲节限定"忙"盒揭幕上线，持续引发热议。截至 2021 年 5 月 10 日，话题"中国妈妈去行动"阅读量已高达 1.1 亿人次，评论高达 5.7 万人次。

还有"中秋节""情人节""儿童节"等节日，都可以看到轩妈蛋黄酥精心策划的广告和特色营销活动。轩妈将蛋黄酥和中秋月饼联系在一起，打出"今年中秋流行 吃轩妈蛋黄酥"的口号，突破了传统中秋节仅仅是吃月饼的习惯，引入了吃蛋黄酥的新概念，从而增加了产品的食用场景（见图 2 - 4）。

---

① Z 世代，也称为"网生代""互联网世代""二次元世代""数媒土著"，通常是指 1995 年至 2009 年出生的一代人，他们一出生就深度接触网络信息时代，受数字信息技术、即时通信设备、智能手机产品等影响比较大。

图 2 - 4 轩妈中秋节的广告宣传

二、不同发展阶段营销策略

1. 市场导入期

在轩妈蛋黄酥面市之前,蛋黄酥作为市场上一款热门的甜点,却一直"有类无品",没有叫得响的品牌产品,这对轩妈来说是一个绝佳机遇。于是轩妈蛋黄酥创始人聚焦于品类,将"轩妈"打造成蛋黄酥品类中的第一品牌。正是基于这一认知,轩妈一直以来只集中精力钻研蛋黄酥这一款产品,不断优选原料、不断改进工艺流程、不断强化供应链体系、不断优化配送服务、不断修改完善产品标准,最终将"最好吃的蛋黄酥"提供给消费者。并且,轩妈围绕产品本身做各种尝试,不断推出创新产品。初期采用微商的经营模式获得了良好的口碑和巨大的粉丝量,于是靠着核心粉丝顺利"出圈",进入了更大的市场。

2. 快速发展期

这一阶段,轩妈主要依靠直播带货,积攒了大量的粉丝并获得了巨大的知名度。与此同时,轩妈通过小红书、知乎等平台进行推广,提升知名度的同时也增加了销量。在小红书上搜索关键词"轩妈"能出现4万多篇文章,可见小红书对轩妈的支持功不可没。此外,轩妈在抖音、B站等平台创建账号,聚焦这些网络社交平台上大量的年轻用户,运用多样化的营销手段推广宣传,如制作创意动画、动画IP联名等,以吸引年轻群体,提高品牌知名度和增加销售量。

3. 稳定发展期

2020 年至今，轩妈一直在稳定发展，多次取得天猫零食销量 TOP 3 的好成绩。在此期间，轩妈的营销策略主要针对两个方面：一是在天猫、京东等平台上的网络营销等；二是在盒马、山姆等线下连锁门店的体验营销、节日营销等。

第四节 品牌建设主要经验

一、在产品研发上下功夫

轩妈蛋黄酥的产品研发有几个突出特点。首先，对作为产品核心的蛋黄，采用"先打碎，再统一重塑"的加工工艺；其次，用黄油替代了原有的猪油，锁水性更好，让产品更健康、口感更佳，同时，在保证口感和健康的前提下，延长了蛋黄酥的保质期；最后，添加了雪媚娘等原材料，进一步提升食用口感。轩妈对原材料特别讲究，提出了"没有好蛋黄，轩妈不开工"的品质管理口号，意思就是在蛋黄质量没有达标的情况下，轩妈不会因为追逐利润而允许不达标的产品生产出来。通过强调对产品核心"蛋黄"的关注，提高消费者对轩妈品牌的认知度和忠诚度。

轩妈通过对原材料的优选和加工工艺的改进，使蛋黄酥成为烘焙市场中广受欢迎的休闲零食。随着消费者日益重视健康、养生等理念，轩妈也不断改进产品品质。在保证"健康、营养"这一产品的基本品质要求前提下，轩妈还积极收集消费者的反馈信息，分析消费者需求变化趋向，不断开发出具有不同风味的新产品，以满足市场的需求。轩妈一直致力于在好吃与健康之间寻求平衡点，例如在添加糖分时，既注重美味又注重健康，不会一味追求使用代糖原料。

轩妈承诺"当天下单，当天发货，不仓储"，平均 36 小时内送达，以保障蛋黄酥的新鲜口感。同时，轩妈还研发出独有保鲜技术，能将蛋黄酥的保质期延长至 20 天，使其更适宜互联网产品的全国销售。

二、充分进行互联网营销

轩妈品牌的创始人韦福献是靠在淘宝网卖榴莲饼起家的，对互联网营销有丰富的经验。正因为如此，凡是与互联网有关的营销手段，轩妈几乎全都用上了，包括近年快速发展的短视频、直播等。

轩妈蛋黄酥为什么能成为网络爆品，主要得益于互联网的大数据累计扩散效应。韦福献解释说，如百度搜索，有一个人去搜索之后，会给百度留下一组数据，第二个人再去搜索时又带来一组数据，第三个人搜索时又留下一组数据，如此便形成大数据的积累，并通过互联网迅速扩散开来；淘宝网开店也是这个道理，越多的人到淘宝上开店就会吸引更多的人来购物，更多的人来购物，就会有更多的人来开店，这就是网络营销容易产生爆款产品的主要原因。

三、线上与线下相结合推广品牌

轩妈采用"线上下单线下配送、线上引流线下体验"的经营模式，将线上线下紧密结合起来，对于社区门店附近的订单可实现 30 分钟内送达，从而解决了当地消费者购买的"最后一公里"问题。这种经营模式所覆盖的区域还在不断扩大。

轩妈起初主要通过微信群和微店的形式，不断扩大自己的知名度。2018 年后，轩妈开始在各大平台如百度、小红书等大量投入广告，并在天猫、京东、抖音等平台进行直播、短视频销售，这些网络营销给轩妈带来了巨大流量，创造出巨大的收益。

在线下，轩妈也积极与盒马、全家、美宜佳等零售店，以及山姆会员店等卖场合作，设立专柜和专门配送点，以完善线上平台业务与线下门店业务的对接和联动，并进一步深化品牌在消费者心目中的形象。

四、利用传统节日精心策划品牌营销

我国传统节日背后不仅有着长期积累沉淀的文化传承，也暗含着特定的消费需求。大众对节日的特殊情感基于对传统文化的认同，而品牌对节日的宣传造势无疑能够带来共鸣，更能获得受众的关注，从而达到一箭双雕的效果。

轩妈从普遍认知的角度出发，将大众熟知的中秋节、母亲节等节日与蛋黄酥进行捆绑，情感与产品双向结合，实现了借节日加深品牌记忆点的目的。

借势传统节日，一方面能够弱化品牌营销的广告属性从而减轻受众排斥，另一方面也能以传统文化为支撑，提升轩妈蛋黄酥作为本土化品牌的公众形象与品牌价值内涵，这也是品牌利用节日造势营销的深层逻辑所在。

参考文献

［1］徐瑾．互联网时代食品行业的热点观察［J］．中国食品，2021（9）：110－112．

［2］符家铁．轩妈食品：撬动蛋黄酥品类新可能［J］．国际品牌观察，2021（10）：50－51．

［3］吴勇毅．裂变式增长：让轩妈蛋黄酥一年卖出7000万颗［J］．销售与市场（管理版），2021（4）：16－18．

［4］李煜冰．母亲节借势营销，可以怎么玩？［J］．中国广告，2021（6）：101－104．

［5］FoodBevDaily．"没有好蛋黄　轩妈不开工"：轩妈对品质的极致追求驱动蛋黄酥行业高质量发展［EB/OL］．https：//xueqiu.com/8167185132/175996474．

［6］TopDigital．产品力是最好的营销力：轩妈蛋黄酥狂卖背后的经营之道［EB/OL］．https：//www.foodtalks.cn/news/4226．

［7］科技闻．用"流行"解答送礼难题，轩妈蛋黄酥成功圈粉年轻人［EB/OL］．https：//www.sohu.com/a/420771692_572524．

［8］轩妈官方网站．https：//www.xuanma.com．

［9］轩妈是如何做到口碑和销量双赢的呢？［EB/OL］．https：//www.biolink.cn/article/3189_15.html．

第三章
网易总裁丁磊打造的"网红"猪肉——网易味央

| 案例简介

"网易味央"是网易创始人丁磊创立，网易（杭州）网络有限公司旗下的猪肉品牌。该品牌核心理念是为顾客提供好吃安全的幸福猪肉。与行业中其他品牌相比，网易味央属于互联网猪肉品牌，即主要通过互联网营销。网易味央探索出的"产出高效、产品安全、资源节约、环境友好、可复制"的现代化养殖模式，获得了中国农业农村部、国内外专家的高度肯定，成为网易味央猪肉高品质和好口碑的根源所在。网易味央紧紧围绕用户消费场景，建立了"线上电商＋线下商超＋高端体验店"的立体化销售体系，为更多消费者提供优质、多样化的猪肉购买体验。到 2022 年底，网易味央已经拥有了四个养殖基地，年出栏量 20 万头左右。网易味央采取诸如 IP 打造、直播、众筹、联名品牌等多种营销手段，迅速提高了品牌知名度和美誉度，从而打造出了"丁家网红猪"。网易味央正在加快生产规模扩张，以"味央速度"带动中国传统农业转型，为中国农业现代化提供经验和示范，目标是成为万亿级的中国生猪市场的新兴农业科技型企业。

第一节 品牌产生背景及发展情况

一、品牌产生背景

网易创始人丁磊早已有涉足农业的想法，只是一直在种植业和养殖业之间徘徊。据说，2008年丁磊与朋友相约吃火锅，服务员将一盘颜色可疑的猪血倒入锅中，丁磊坚持将整个锅底换掉，他当即确定了进入养猪行业的想法，并于2009年正式宣布进军养猪业。

这个故事听起来似乎有一些荒诞色彩，但已被"网易养猪三人"中的周炯所证实。根据《南都周刊》的报道，起步阶段网易的农业事业部仅有十来个人，但地位与其他三大核心业务——邮箱、门户、游戏事业部平级，为第四大事业部。

自从丁磊宣布进军养猪行业之后，网易先后用3年时间（2009年至2011年）考察了荷兰、丹麦、德国、美国等国的数十家先进养猪企业，调研国内外优秀猪种，拜访业内专家，整合国内外先进技术，最后选定了具有抗病性好、耐粗饲、产仔率高、口感香糯、肌间脂肪含量高等优点的太湖黑猪。

为了找到一块合适的养殖场地，网易味央携专家组带着一份900分制的考评表，考察了48处地块，综合考量水源、土地、空气等十几项标准，最终决定将网易的第一个自有猪场建在我国首个"联合国人居奖"获得县安吉。这里被誉为"竹海之乡"，远离外界污染，植被覆盖率达70%以上。

2012年3月20日，网易猪场在浙江省安吉县正式奠基开工。2015年底，"网易味央"网站上线。网站首页有这样的文字介绍："猪猪家园深藏浙江安吉绿色竹海，中国本土黑猪饲养一年"，"把互联网阳光洒入传统行业，每头味央猪拥有终身唯一的电子身份证"。

关于猪肉的品牌为何取名"味央"，在网易公众号中有如下介绍：网易旗下匠心农业品牌，味，滋味也；央，中央也；味央，极致口味，方才美也。

二、品牌发展情况

自2009年初丁磊正式宣布进入养猪业，到2022年底，网易味央已经拥有了四个养殖基地，年出栏量20万头左右。由于养猪业市场竞争激烈，网易味央的发展速度和规模未能达到丁磊起初的预期目标。未来网易味央的养猪业能否持续发展下去？丁磊和他的团队还在探索、思考中。

网易味央品牌发展过程中的重要时期和事件：

（1）2009年初，网易总裁丁磊宣布进入养猪业。

（2）2009—2011年，丁磊带领专家团队到世界各地考察养猪业，并制订养猪计划。

（3）2012年3月，"网易味央"品牌正式启动经营并宣布养猪基地落户浙江安吉县，随后又将猪舍进行两次改造以实现智能化养殖。

（4）2014年，味央猪肉出现在网易食堂，成为网易员工盘子里的美味佳肴。

（5）2015年12月，借世界互联网大会的契机，丁磊拿出"丁家猪"在乌镇宴请马化腾、张磊、张朝阳等科技名人。

（6）2016年底，网易味央第一批黑猪肉产品正式上市，在当年的乌镇互联网大会上，被摆上了"互联网业半壁江山全在"的饭局餐桌，网易味央黑猪肉一炮而红，成功打开市场。

（7）2017年4月，农业部部长韩长赋考察了网易味央（安吉）养猪场，肯定丁磊的跨界成果。同年9月，网易味央开了全国第一家超市专柜，首次试水线下渠道；同时在网上开设了国内首个3D AR味央猪肉体验餐厅。同年12月，网易味央正式入驻京东生鲜，直播中，其虚拟形象猪小花作为临时"卖萌官"来京东总部考察。

（8）2018年7月，网易味央天猫店正式开业。同年10月，网易味央获得世界动物福利协会和中国农业国际合作促进会颁发的"企业社会责任公益典范"奖，并入驻苏宁网上商城。同年11月，在CCTV 7《聚焦三农》节目中，网易味央作为猪肉新消费代表强势出镜。同年12月，网易味央成为新消费产业独角兽企业，获评2018年智慧三农TOP 50和中国生猪业风云榜"年度环保先锋"奖。

（9）2019年2月，《网易味央全民养猪众筹》营销案例荣获虎啸奖杰出品牌营销奖。同年9月，网易味央与绍兴市政府举办合作签约仪式，正式宣布第三个网易味央猪场落户浙江绍兴嵊州。

（10）2020年9月，网易味央与浙江省基础建设投资集团股份有限公司在浙江杭州签署战略合作协议，双方宣布将在味央生猪全产业链建设，数字化、生态化农业投资等领域展开全面合作。

（11）2021年6月，网易味央与巡湘记连锁餐饮店签署食材供应战略合作协议，网易味央"全球厨房合伙人"朋友圈进一步壮大。

（12）2022 年 5 月，网易味央原 CEO 倪金德卸任，网易养猪事业被全权交到新希望原副总裁韩继涛手中。这位曾在农牧行业工作 20 多年的老将加盟，给网易味央带来了一些改变，尤其在拓宽产品线以及销路方面取得了一定成效。网易味央先后推出黑猪肉烤肠、黑猪肉老面包子、黑猪肉肉松等更受年轻人欢迎的肉类加工品，一改此前网易味央长期只有生肉产品的处境。

（13）2023 年 6 月，网易味央与米其林必比登推介面馆方老大达成合作，方老大面馆使用的所有猪肉及猪副产品全面替换成网易味央直供食材。为达成此次合作，双方都进行了一定程度让利，让广大食客能够以更实惠的价格品尝到顶级猪肉和顶级杭帮面的惊艳碰撞滋味。

第二节　品牌标识与市场定位

一、品牌命名与标识

网易味央品牌名称中，"网易"代表为网易公司所有，"味央"表示味道之极致，亦即聚焦美味。网易味央的 LOGO（见图 3-1）看起来较为简单，长方形下方边缘做了一个波浪形的延伸，该波浪形的巧妙设计利于消费者联想到网易味央猪肉的美味。红色底色继承了网易公司的设计传统，在一定程度上告知消费者其与网易公司的关系，方便借总公司的"明星效应"进行推广；同时，红色也是中国人眼中喜庆、吉祥的颜色。"网易味央"的字体做了一些艺术化加工处理，特别是"味央"两字显得很有特色和辨识度，聚焦网易猪肉的"极致口味"。右下方凸起处标上味央的网站名"WEIYANG. CN"，叠加了品牌名的显示效果。

图 3-1　网易味央的 LOGO

二、市场定位

1. 品牌核心价值

网易味央品牌的核心价值就是"致力于为消费者提供安全、最美味猪肉"。这一核心价值源自于品牌"味央"二字上。一是取"央"的"正中、中心"之意，就是聚焦"最美味猪肉"；二是由"味央"衍生出"未央"，取"央"的另一层含义，即"完结"，"未央"——未完结，即追求"最美味猪肉"永不停歇。

2. 品牌产品主要特点

由网易味央品牌核心价值可知，网易味央的产品特色主要体现在美味和安全上。

一是美味。这一点主要通过选择猪的品种得以实现。网易味央选用的是享有"国宝"称号的太湖黑猪，是中国本土黑猪中的稀有品种，采用慢养 300 天的养殖方式。而我们常吃的猪肉原产于美国、丹麦、英国等，是"洋白猪"，其生长周期仅需 4 个月。根据中国农业科学院北京畜牧兽医研究所优质功能畜产品创新团队首席专家张军民研究员介绍，因黑猪肉的瘦肉里含有肌间脂肪，其肉质肥瘦相间，瘦肉里夹杂有肥肉线（雪花肉），因此营养更为丰富且肉质细腻。也就是说，从口感上而言，网易味央的黑猪更胜一筹，达到了品牌核心价值中的"最美味"。

二是安全。这一点则是通过网易自主研发的一套"全球第四代"养殖模式实现的，让网易味央黑猪肉产品具备了消费者看得见的"安全"品牌核心价值。这个模式提倡智能化养殖，仅需 6 名技术人员即可管理 2 万头黑猪；它提倡动物福利和人道主义，猪场中的黑猪住公寓、听音乐、蹲马桶，猪厕所的排泄物经自主研发的处理系统转化后，能由废水净化为水质更胜饮用水的清水再回到猪的口中；在这个模式中，网易味央黑猪经历 300 天的谷饲慢养，猪饲料中完全不含抗生素，也无金属残留。这样的养猪模式不仅环保，而且一改传统猪场脏乱差的局面，给消费者带来看得到的安心的品质保证。这样的养猪模式不仅是嘴上说说，网易味央还通过直播的方式让大家清楚看见，打造让消费者"放得下心"的安全品质，且有学者通过对网易养猪场的实地调研证实了其养殖模式中的"品质保证"。

3. 市场定位策略

网易味央产品定位在中高端市场和礼品市场。网易味央对自己的产品较为自信：网易味央不仅是用来吃的，送礼也能拿得出手。在产品包装规格上，网易味央有多种规格产品出售，可满足不同消费者的需求。

第三节　品牌营销策略

一、主要营销策略

1. 饥饿营销

自从 2009 年初丁磊宣称养猪起，味央猪除了在网易公司食堂以及互联网大咖聚会餐桌上现身之外，基本没有在其他场合亮过相。期间有关丁磊养猪的消息时有新闻报道，如丁磊组织专家去国外考察，精心挑选养猪场地，网上一直流传网易味央猪是听着专属歌单，在设备齐全的豪宅里长大的，饮食遵循由国际营养学家及国内专家提供的科学配方，喝的也是纯天然矿泉水等种种传闻，吊足了看客们的胃口。2016 年 11 月 25—27 日的 3 天内，三头网易味央黑猪正式亮相"网易考拉黑五大促"，并且采取拍卖方式销售，首次拍卖短短三个小时内，便引起了 5.3 万人围观。大家竞相叫价，首猪拍卖出了十万元的高价。最后，三头猪共拍卖出高达 54.6 万元的价格。此后，网易味央猪就成了高档猪肉品牌的代表，在较长一段时间都供不应求。

2. 名人效应制造噱头

网易味央黑猪第一次在互联网上崭露头角，就是因为网易创始人丁磊在乌镇举办的顶级饭局。丁磊熟知互联网时代话题的制造与传播诀窍，连续三年在乌镇举办顶级饭局，用自家生产的黑猪肉招待互联网企业家们，一下子就将网易味央黑猪的名头打响。正是因为名人的好评如潮，网易味央猪的名人效应迅速发酵，很快就成了被追捧的网红，还未上市就已经获得了巨大的热度。

3. 打造网红 IP 猪小花

网易味央是我国农产品营销中较早运用 IP 手法营销的，可算得上是"吃螃蟹第一人"。其不仅打造了一个网红 IP 猪小花形象（图 3 - 2），还帮黑猪拍摄了 MV，设计出简练又不失萌态的表情包，并以占领普通用户的微信聊天场景开启 IP 营销之路。此后每个发展阶段都运用多样化的营销手段，用趣味化、接地气的内容来迎合年轻人的喜好，甚至还出了一张《网易味央黑猪宇宙大碟》专辑，采用二十世纪五六十年代的音乐风格，在网易云音乐独家上线。这种不走寻常路的方式提升了人们对于猪小花的印象，同时也宣传了网易味央黑猪品牌。

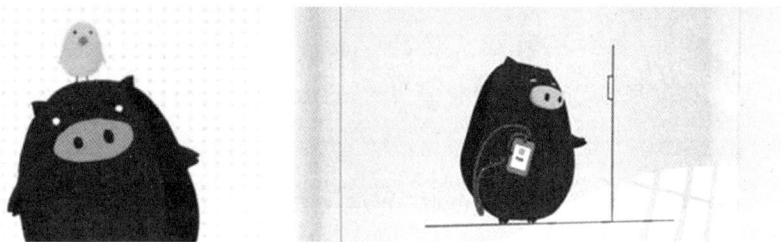

图 3 - 2　网易味央猪小花 IP 形象

4. 精心制作广告短视频

2018 年 12 月，一则网易味央精心制作的短视频"中国式相亲"（见图 3 - 3）迅速在网上传播。普通的开头下是意想不到的结尾：两位打扮考究、气质精明的中年妈妈坐在茶馆里，通过你来我往的语言艺术来了一场价值观的碰撞——"我儿子事业有成，产业遍布全国""我女儿新房子三千三百亩"，经几番较量后，男方妈妈按捺不住脱口而出"它们多般配啊"。画面一转，一只狗在拱一头猪。原来这是一场京东 IP（JOY）和网易味央 IP（猪小花）的相亲。

在这则创意广告短视频中，网易味央借首次登陆京东平台的契机，将中国式相亲场景对接到网易黑猪和京东 IP JOY 身上，通过两位妈妈的"儿女攀比"，来暗示网易养殖模式与传统农业的不同。这则广告视频因出人意料的剧情俘获了一大批受众，获得了许多营销圈媒体的自发推荐，更是成了 2018 年虎啸奖食品类金奖案例。此后，JOY 和猪小花有许多互动，JOY 还邀请猪小花观赏它主演的大电影等，"炒 CP"的营销手法为网易味央和京东都带来了热度。

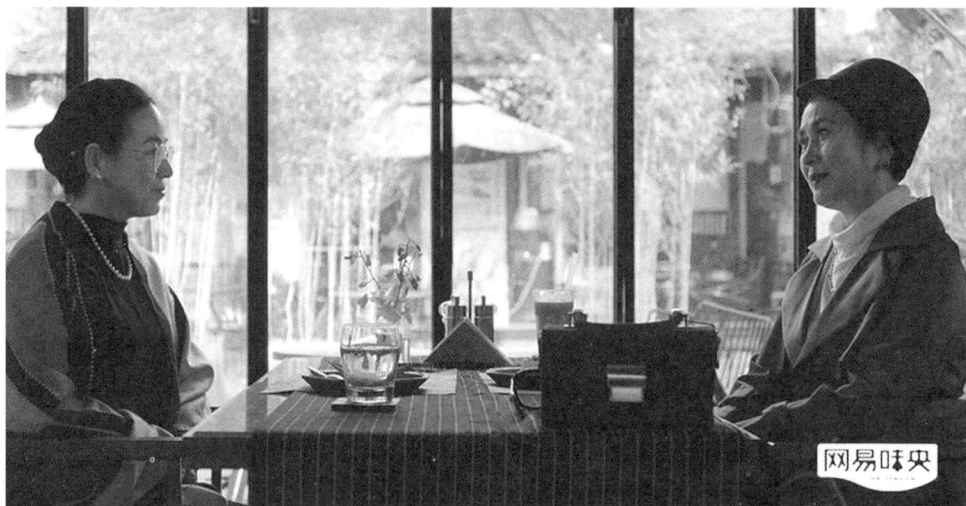

图 3 - 3　网易味央的广告短视频："中国式相亲"

5. 众筹养猪活动

在 2017 年 3 月，网易味央又出奇招，发起 1 元"全民养猪众筹"的整合营销（见图 3 - 4），以低门槛、趣味化、多元化的方式，成功将"网易养猪"变成"大家养猪"，让消费者正式从"吃瓜群众"变成"参与者"。同时，用"众筹"这一天生自带情感的方式阐述七年的故事，努力刷用户好感度。此次众筹最终募集金额 1 919 万元，刷新了中国农业众筹第一记录，也让一度低迷的众筹行业，看到了品牌农业的另一种可能。

值得注意的是，配合养猪众筹，网易味央接连发起了两起事件营销，一是联合国内住宿分享平台"小猪短租"发起"睡进网易味央猪场"活动，邀请网友睡进养猪场。这种极富戏剧性的营销手法，颠覆了养猪场"臭气熏天"的刻板印象，也将

图 3 - 4　网易味央的全民养猪众筹

网易味央农场的高科技属性和安心品牌理念进行了一次巩固。二是在多数养殖场"见光死"的现状下，反其道而行，将直播这一参与感和信任感极强的形式首次引进养猪业。在众筹突破888万元之际，在网易新闻、哔哩哔哩、斗鱼等七大平台同步直播，并邀请网易CEO丁磊和财经作家吴晓波对话养猪。在几个小时内，将网易味央黑猪"住豪宅、吃猪粮、蹲马桶、听音乐"的传说从新闻稿变成现实。从结果来看，这次直播吸引的围观人数高达500万，在很多人感叹"人不如猪"的背后，安心品质、福利养殖的品牌理念也已深入看众的内心。

6. 善用互联网新媒体宣传

丁磊作为网易CEO，常居互联网舆论中心，对于新媒体营销非常熟悉，对味央猪的宣传把控和拿捏恰到好处，这些从网易各种营销套路中便可看出。也正是如此，才让后来养猪的丁磊超越很多专业的养殖企业和养猪大户，猪肉中的贵族——网易味央猪的品牌很快就建立起来。纵观品牌建立过程，主要是通过各种新媒体手段和传播渠道，特别是用社交营销的方式迅速将产品优势传播出去，从而塑造出"丁家网红猪"。

7. 运用现代信息技术营销

网易味央一直努力探索将现代信息技术用于营销中。2017年9月底，网易味央就曾借用AR技术，在旗下高端猪肉体验店推出中国首个3D AR体验餐厅，将过去只会出现在麦当劳、肯德基等国际品牌营销里的"高大上"玩法搬到自家餐厅。消费者在等待上菜的间隙，通过手机扫码就可以直观看到猪小花吃猪粮、洗澡、蹲马桶等画面。此种操作，在自然推介农场养殖过程的同时，也将猪小花形象与用户的距离拉近，使品牌形象深入人心。

8. 品牌联名营销

网易味央善于与其他品牌联名营销，表3-1列出了味央猪面市两年间及2023年度的品牌联名活动，囿于篇幅，未将全部年度的联名活动列出。

表3-1 网易味央的联名活动

时间	事件
2017年3月30日	网易味央与坦克连手游联合推出定制午餐肉罐头
2017年4月28日	网易味央邂逅五芳斋，打造五味易芳端午礼盒
2017年6月8日	网易味央×宝宝树，开展"巧手妈咪创意美食大比拼"活动

（续上表）

时间	事件
2017 年 6 月 30 日	网易味央×中国平安，为味央黑猪肉量身定制国内首单养殖行业高端农副产品保真责任险——农真宝，共同打造食品安全新标签
2017 年 8 月 29 日	网易味央与网易漫画联名定制商味中秋月饼
2017 年 9 月 1 日	网易味央×吴酒，联合推出"美味黑猪肉×精酿杨梅酒"，有酒有肉有生活
2017 年 9 月 16 日	网易味央联合网易易间打造安心猪肉堡
2017 年 11 月 9 日	与饭爷林依轮联合推出《本味肉料酱造星厨》套装
2017 年 12 月 15 日	网易味央×世纪联华于杭州世纪联华精选店举办"300 天慢养黑猪遇见 30 年金刀匠人"猪肉分割大赛
2018 年 11 月 26 日	网易味央×可莎蜜儿推出"寻找嘿猪"活动
2018 年 12 月 26 日	网易味央×星曜堂联合打造一场以黑猪为主题的法式定制私宴
2023 年 2 月 8 日	网易味央×广州酒家启动合作，对面点、腊肠、月饼、年货礼盒等多个品类产品进行联名开发
2023 年 2 月 20 日	网易味央联合领克 09 联名推出价值 1 388 元的"09 要［猪福］家宴装"
2023 年 3 月 14 日	网易味央联合路易达孚集团开发联名产品，开拓国际市场
2023 年 4 月 26 日— 4 月 29 日	网易味央参加第 31 届中国（深圳）国际礼品展，与多个企业签订联名礼品开发协议
2023 年 9 月 20 日	网易味央×第五人格×知味观联名中秋月饼礼盒预售
2023 年 11 月 18 日	在第 30 届中国国际广告节广告主盛典暨网易传媒态度营销峰会上，网易营销策略研究人员分享了网易味央与其他品牌联名营销的经验

注：此表内容为编著者根据微博号"味央养猪场""网易味央"官网等整理所得。

从表 3 - 1 可见，网易味央对于联名品牌或企业的选择有其独特考量，既出人意料又在情理之中。比如和"宝宝树"联名开展"巧手妈咪创意美食大比拼"活动，暗示网易味央黑猪肉是宝宝都能吃的安全好肉；与"吴酒"的联名使人联想到武侠世界中人的畅所欲言、肝胆相照，侧面暗示消费者可以信任网易味央。

2021 年在端午节来临之际，网易味央联手上海著名餐饮百年老字号"沈大成"，特别推出"百年一味"和"至味安康"两款限定款联名粽子礼盒（见图 3 - 5），获得消费者好评。

图3-5 网易味央与沈大成联名推出端午粽子礼盒

二、不同发展阶段营销策略

1. 市场导入期

网易味央品牌的市场导入期可以划分为从2009年初丁磊宣布进入养猪业至2016年12月味央猪正式上市这段时期，也可称为品牌预热阶段。这个阶段的营销活动主要是为品牌造势，进而使之具备一定的关注度，引起消费者的好奇，便于打开市场。在营销方面主要有以下三大事件：

（1）丁磊宣布进军养猪业。2009年2月，作为广东省人大代表的丁磊在广东两会期间谈到食品安全问题时首次透露自己打算养猪。丁磊表示，想通过互联网与养猪的融合来探索农业生产新模式，同时，为解决食品安全问题做一些新尝试，俗称"科技养猪"。且丁磊多次表明进军养猪业并非为了赚钱，而是为了利用自己的技术优势，对传统养猪行业进行赋能，寻找一种更为高效的养猪模式并将其普及，同时能保证消费者的食品安全。

（2）网易味央黑猪肉在互联网企业家面前的首次亮相。2014年11月21日，乌镇一家客栈略显陈旧的饭桌旁，坐下了"中国互联网的半壁江山"。与宴者中，网易丁磊、搜狐张朝阳、百度李彦宏、亚信田溯宁等悉数在列。自此，乌镇饭局成为乌镇互联网大会上一道不可或缺的风景线，而同样因此而名声大噪的，还有摆在饭桌上的丁磊"猪肉宴"。此后的2015年至2017年，桌上成员几经变换，网易的"味央猪"铁打不动。互联网企业家们都不吝自己的赞美之词，比如：古永锵评价"丁磊的猪肉确实不错"，自家儿子特别喜欢吃；杨元庆在乌镇采访中也积极为朋友背书："我可以证明，丁磊的猪肉确实好吃"；沈宏非、陈晓卿两位口味刁钻的老饕，同样评价味央猪肉"胶质感非常强"。

（3）将猪肉拍卖出"爱马仕价格"。这是网易味央黑猪肉正式上市前增加热度的最后一轮大型营销活动。2016年11月25日早上刚过10点，味央整猪竞拍从1元起价一路飙升，仅1分钟竞拍价突破5 000元。其间不断有用户抢拍、出局，10：11拍卖价突破1万元。后续的竞争更加激烈，竞拍出价以每次数千元幅度追加。12：47为50 001元；14：33为88 801元。当外界都以为第一头互联网猪的成交价将定格在88 000元时，17：59竞拍价直奔10万元；到22时，重量大概42kg的整猪出产的精品肉最终以109 501元结束拍卖，竞拍次数64次。26日外婆家餐饮集团创始人吴国平以16万元的价格拿下第二头。而继前两日拍出超过10万元的天价后，27日晚的第三头黑猪拍卖更富戏剧性。在竞拍最后两小时，突然冒出一位ID名为w××8的网友，将价格从7万一次性加价到17万。最后又和网友D××8多次竞价，将价格飙到了27.7万元，并最终拍下。两人的竞价使得关注此次拍卖的人数暴增。

2. 快速发展期

网易味央2016年12月12日借"双十二"正式面市至2018年12月底这段时期可称为快速发展期。其中在营销方面主要有以下几大事件：

（1）借"双十二"正式面市。网易味央猪继2016年11月27日卖出了27万一头的天价后，于2016年12月12日"双12"这个电商节日正式面向广大消费者开卖了。仅需129元的价格就可以买到精美的网易味央黑猪肉新年礼盒，同时为了保障用户能持续享用高品质猪肉，网易味央还推出了三种不同的配送服务，即3 350元的全年至味配送（96份产品、24次配送、每份350g），1 950元的半年品味配送（48份产品、12次配送、每份350g）和650元的双月赏味配送（16份产品、4次配送、每份350g）。该独家配送服务的推出意味着只要在线购买配送服务，接下来的时间里就可以坐等猪肉上门，而送肉的时间和地点也可以每个月进行调整，切实为消费者提供贴心周到的配送服务。虽然价格乍一看是有点贵，但折算后网易味央黑猪肉产品价格在 35 ~ 40 元/350g 的区间，还包括 36 小时必达的全程新鲜冷链配送服务（顺丰速运）、顶级大厨独家猪肉菜谱等。与国内主流的品牌黑猪肉价格相比，相对划算。与此同时，网易味央十分贴心地消除了消费者对这种长期一次性付款服务的顾虑。网易味央承诺，消费者如不满意其产品或配送服务，在首次送肉的一个月内，只需承担已配送猪肉的相应价格即可，其余价款均可退回。这也从侧面反映出网易味央对其产品的信心。

完善的服务和良心的价格，迎来了大众满满的热情。网易味央黑猪肉上架短短 1 分钟之内，网易严选和考拉海购两个平台每日 129 元限量礼盒即售罄。据内部人员透露，3 种配送服务的销量已然超过内部首日指标，这在一定程度上说明网易味央取得了首次亮相的成功。

（2）猪小花 IP 现世。2017 年 1 月 22 日，在《倩女幽魂》手游年终欢乐秀直播中，网易 CEO 丁磊携手网易新晋"女神"——网易味央厂花"猪小花"，和"男神"杨洋进行 PK。此次直播前，官方就放出预告，声称网易女神"人见人爱、身材玲珑有致、肤色特别有国际范"引起网友们各种猜测，可谓是吊足了胃口，进而为网易味央 IP"猪小花"的首秀铺下极大的排场。不仅如此，同日，网易云还上线了猪小花的单曲《我叫猪小花》。自此之后，猪小花的曝光率通过一系列活动诸如说相声、担任新闻联播的主播、走秀等一路高涨。此后，猪小花还在"中国式相亲"视频中出现，与京东 IP（JOY）相亲，其视频传遍网络，味央猪肉一度成为京东商城的爆品。

（3）众筹养猪吸眼球。2017 年 3 月 21 日 10 时起，"网易味央全民养猪众筹"活动正式启动。消费者登录网易考拉平台即可参与众筹加入全民养猪。同时，为了配合本次众筹活动，适逢世界睡眠日，网易味央联合小猪民宿开展"睡进网易味央猪场"活动。该活动一经发起，得到大众热情关注。认筹金额 3 分钟破 10 万，17 分钟破 100 万，45 分钟破 200 万，并于上线 56 小时突破 1 000 万，最终达到 1 919 万元的高额，成为中国总额排名第一的农业众筹。

3. 稳定发展期

自 2019 年开始，网易味央进入了品牌稳定发展期。2018 年后，网易味央主要营销手段就是联名以及直播。在疫情防控期间，还做了一些捐赠和公益活动，如 2022 年 3 月助力上海抗疫，为上海地区保供的行为，有效地提高了企业声誉，彰显了社会责任感。网易味央第三座猪场落户浙江绍兴嵊州，分三期建设，2020年开始第一期工程建设，预计2025年全部建成投产，预计年最大出栏量可达到50万头。但因新冠疫情、内部高层人员变动、资金不足等变故，第三座猪场建设处于中途停滞状态。未来网易味央怎么发展？据报道，丁磊可能会减缓养猪场发展速度，控制养猪规模，寻找新的合作伙伴等。

第四节　品牌建设主要经验

一、善用新媒体宣传

丁磊是中国互联网的著名人物，他所创立的网易品牌是众所周知的。丁磊将创新的直播形式首次引入养猪推广，借助网易云音乐的黑猪宇宙大碟和黑猪表情包、小猪时装周等跨界宣传抢足眼球，这些形式为年轻人群所喜闻乐见，又深植于网易云音乐等自身的资源优势，颇具自传播力。

为了让更多消费者能够方便、快捷地购买味央黑猪肉，网易味央也在积极拓展销售渠道，构建"线上电商＋线下商超＋高端体验店"的立体化销售体系。目前，网易味央已登陆网易考拉、网易严选、天猫、京东等线上平台。此外，消费者也可在世纪联华超市、LES超市店、CityLife店、永辉超市等商超购买到网易味央黑猪肉。

此外，微信视频、百度搜索、抖音等经常可见网易味央的有关信息和新产品广告。

二、现代科学化饲养

自进入养猪业开始，网易味央就与传统养殖模式划清了界线，将智能化、高效率作为主打目标。网易味央以"互联网＋"的创新思路解决传统农业痛点，把最前沿的互联网信息管理技术引入养殖业，通过智能化管理系统、全自动液态饲料饲喂系统、电子耳标等创新技术，实现超高效饲养。同时，网易味央还大力发展绿色生态农业，致力于农业生产和环境保护的协同。网易味央全球首创"猪马桶"让猪学会定点上厕所，解决传统养殖粪便污水收集难题，并配套"零排放"环保处理系统，低成本高效地处理粪便污水，经处理的水，水质超过自来水标准。其高安猪场更是采用沼气发酵工艺，实现沼气发电、还肥于田，做到自给供电和种养结合，形成园区生态自循环。

网易味央这套高效生态的现代农业模式可复制到各地农村，系统性地改善传统农业存在的环境污染、质量安全、规模化养殖和品牌建设等问题，从源头上把控农产品品质，提高各地农业养殖水平，带动农业转型升级，推动农业现代化和新农村建设。

受网易味央的创新与匠心精神感染，越来越多在养殖体系、饲喂营养、免疫计划、环保处理、动物福利等领域的高学历、经验丰富的人才愿意加入味央团队，投身农业，成为深入农村第一线的"新农民"。

三、全产业链运作

网易味央的运营，并不局限于猪肉生产，还包括加工、流通、销售等，即实行生猪全产业链运营管理。在这个全产业链运营系统中，最重要的一个环节就是销售。网易味央借助网络营销的优势，很快打响了名号。

丁磊说，养猪只是产业布局的第一步，而电商、餐厅、线下门店销售才是产业部署的重点。除了电商渠道，在餐饮行业，网易味央还投资了杭州猪爸餐饮管理有限公司，据该公司法人代表吴国平介绍，"猪爸"是外婆家旗下的一家高端猪肉体验店，食材供应主要来自网易味央。

为了使网易味央得以稳定发展，网易味央已在养殖场—流通渠道—销售端搭建出了一条完整的产业链。

四、品牌联名营销

网易味央的联名营销包括两个方面，一是联合名人做营销，二是联合名牌做营销。

在网易味央猪上市前后，丁磊就宴请互联网知名人士如张朝阳、李彦宏、马化腾、雷军、周鸿祎等人到世界互联网大会举办地乌镇品尝"网易味央"猪肉，借这些名人在互联网上快速传播品牌；又请财经作家吴晓波与自己一起上专栏节目推广等。

联合名牌做营销是网易味央品牌推广最显著的特点。如 2017 年 1 月联手由林依轮创立的秘制酱料品牌"饭爷"，推出联名品牌"网易味央×饭爷""网易味央肉＋饭爷酱料"星厨套装；2017 年 9 月与吴酒厂家"醉江南"推出联名品牌"网易味央×醉江南"及"好酒好肉"联名礼品卡；2020年9月18日至9月20日在杭州地区，联合"曹操出行""联华"两个品牌发起"因为热爱，所以守护"线上线下联动活动，以守护食品和出行安全之名义，提供给消费者和客户诸多福利。2021年端午节来临之际，与上海著名餐饮百年老字号"沈大成"联名推出"百年一味"和"至味安康"两款粽子礼盒，所提供的粽子口味有黑猪肉粽、黑猪肉咸蛋黄粽、梅干菜猪肉粽等；2021年6月与"巡湘记"连锁餐饮店签署食材供应合作协议，网易味央黑猪肉给湖南湘菜的火辣味道再添一道鲜香。2023年春节期间与广州酒家联合启动多个品类产品联名开发。

这一系列联名品牌活动，使网易味央品牌知名度很快提升，取得了借冕播誉的效果。

参考文献

[1] 吴伟生，迟云平."互联网＋"背景下农业企业品牌化建设与管理路径[J].农业经济，2021（7）：133-134.

[2] 阿牛哥8mi3kbb7."没事就搞事"！网易未央猪的"农产品 互联网"营销精髓都在这儿！[EB/OL].http：//www.360doc.cn/mip/776610189.html.

[3] 郝云宏，马帅.互联网经济背景下猪肉品牌价值管理研究：基于网易味央猪肉案例的分析[J].中国畜牧杂志，2019（4）：127-131.

[4] 网易味央独创养殖模式 安全猪肉引爆市场[EB/OL].https：//www.chinanews.com.cn/m/life/2017/01-25/8135257.shtml.

[5] 陈利祥.大型规模猪场项目场址评价与选择研究[D].杭州：浙江大学，2020.

[6] 网易味央、壹号土猪、精气神……这么多黑猪肉变网红[EB/OL].https：//www.sohu.com/a/193787490_418504.

[7] MBA智库百科.丁磊[EB/OL].https：//wiki.mbalib.com/wiki/%E4%B8%81%E7%A3%8A.

[8] 网上餐饮怎么玩.网易猪肉重现江湖"味央猪"成长史盘点[EB/OL].https：//www.sohu.com/a/119614105_334325.

[9] 网易味央官方网站.https：//www.weiyang.cn/brand.

[10] 强强联手，胡润食品百强网易味央黑猪肉与米其林必比登推介面馆方老大达成合作[EB/OL].https：//finance.ifeng.com/c/8QxXdtGbp61.

［11］网易味央给出答案，农产品品牌可以这样做［EB/OL］. https：//www. 163. com/dy/article/DRCBOQGC0518DRH4. html.

［12］网易味央猪的营销之道［EB/OL］. http：//www. xumurc. com/main/ ShowNews_ 57082. html.

［13］网易味央猪肉营销出新招 吴晓波携吴酒来站台［EB/OL］. https：// news. ifeng. com/a/20170905/51877196_ 0. shtml.

［14］绿色兴农成热点 网易味央为绿色农业提供新经验［EB/OL］. http：// www. xncsb. cn/newsf/79967. htm.

［15］贯彻乡村振兴战略 网易味央模式成高效生态农业样板［EB/OL］. http：// it. people. com. cn/n1/2018/0305/c1009 – 29849266. html.

［16］尚爵. 丁磊的创业史：养猪一样经营互联网［EB/OL］. http：//www. kingteaching. cn/school/chuang/articles/3854.

［17］丁磊养猪为何能成功（附 10 条秘籍）［EB/OL］. https：//www. so- hu. com/a/296361544_ 379553.

第四章
互联网新媒体运作的"网红"牛奶——认养一头牛

▍案例简介

认养一头牛成立于 2016 年，是杭州认养一头牛生物科技有限公司推出的乳制品品牌。该公司是一家集奶牛饲养、牧草种植、旅游观光、饲料加工和乳制品加工销售于一体的乳业全产业链公司。认养一头牛以"只为一杯好牛奶"为使命，主张"奶牛养得好，牛奶才会好"的品牌价值理念，通过"认养模式"和互联网新媒体的紧密结合，至 2023 年已发展为全网粉丝超 4 100 万，会员超 3 000 万的新锐品牌，成为"互联网＋"时代紧握机遇的领军者。

认养一头牛定位于注重健康、环保、有社会责任感的消费人群，在中高端乳制品市场有较高的品牌知名度和市场占有率。认养一头牛于产销端齐发力，基本形成了集上游奶牛繁育、饲料加工、奶牛养殖，中游牛奶加工生产，下游乳制品销售于一体的垂直全产业链经营体系。产品种类覆盖纯牛奶、酸奶、奶粉、低温冷藏奶、冰激凌多个产品线，其中 A2β-酪蛋白牛奶在 A2 型牛奶类目销售额居全国第一。认养一头牛已全面入驻线上电商、直播等，并进驻线下商超、便利店等，形成线上线下销售全渠道覆盖。2023 年，认养一头牛营业收入突破了 40 亿元，已跻身中国乳制品行业第二梯队的前列；在 2023 食业头条年度盛典上荣获"年度影响力品牌"称号，并入选"新浪潮·2023 高质量成长品牌名册"。2023年认养一头牛线下零售店进军中国香港市场，完成了从中国内地市场的首次"走出"，迈出了国际化发展的第一步。

第一节　品牌产生背景及发展情况

一、品牌产生背景

"认养一头牛"品牌的创立，起源于其创始人徐晓波的一段亲身消费经历。

2008 年，三聚氰胺食品安全事件引起全国人民关注。中国奶制品产业遭受了史无前例的冲击，在很长一段时间里，国内消费者只信任国外奶制品品牌，代购哄抢香港奶粉等事件频频发生，国内奶制品市场主要被外来品牌所侵占。2012年，徐晓波这位新晋的奶爸在香港购买了 8 罐奶粉，然而，当他返回时却遭到香港海关扣押，在看守室里足足待了四个小时，最后写了保证书、奶粉被没收才被释放出来。徐晓波回忆说："当我离开香港海关的时候，当时的沮丧和愤怒，至今还历历在目。"这一事件对徐晓波打击很大，他开始思考：为什么中国人就养不出一头好牛，做不出让中国人信任的好牛奶呢？

于是，作为房地产商的徐晓波萌发了自己养奶牛的想法。2014 年，徐晓波耗资约 300 万元，去了 7 个国家，对 136 个国际牧场进行了深入的考察，最终得出的结论是：我国的奶牛场与发达国家的奶牛场相比还存在着很大差距；2014年世界平均成年奶牛单产水平为 7.6 吨/年，美国、德国和荷兰分别为 9.6 吨/年、7.7 吨/年和 8.5 吨/年，而中国只有 5.5 吨/年。徐晓波在看到这种巨大差距的同时，也看到了中国奶制品业发展的巨大市场前景。

2014 年 7 月，徐晓波完成海外考察后，随即投入 4.6 亿元，从澳大利亚引进了 6 000 头荷斯坦奶牛，在河北省衡水市故城县建立了现代化奶牛场——康宏牧场，并配套建设 6 万亩的草场。

徐晓波曾解释自己创办奶牛场的初衷是：让消费者认养一头牛，让好牛奶从牧场直达餐桌。这是"认养一头牛"品牌的最初理念。2016 年，徐晓波把他的品牌理念跟财经作家吴晓波进行交流，吴晓波非常认可这一品牌理念及其运营模式，并表示大力支持这项事业。吴晓波说："我们一起来做这件事，并且必须触动这个行业，要做这个行业的'鲇鱼'，去刺激、激活这样一个看似传统的行业。"于是，两位晓波跨界联合，共同创立了乳制品新消费品牌——"认养一头牛"。2016 年 10 月，徐晓波在杭州市余杭区正式注册成立杭州认养一头牛生物科技有限公司，开始逐梦他的宏伟牛奶事业。

二、品牌发展情况

认养一头牛自 2014 年建立康宏牧场开始，经过 5 年多时间，就发展为拥有 7 座现代化牧场、6 万头荷斯坦奶牛、奶牛最高单产 13 吨以上的现代化乳品企业。2018 年，认养一头牛正式入驻天猫，不到两年全网用户已经超过了 2 000 万人，其中天猫旗舰店粉丝超过 500 万人。至 2022 年 12 月底，认养一头牛的营业收入已突破 25 亿元。

认养一头牛品牌发展过程中的重要时期和事件：

（1）2016 年 10 月，杭州认养一头牛生物科技有限公司成立，并申请注册"认养一头牛"商标。同年 12 月 22 日，认养一头牛在众筹平台上首度亮相，仅 20 天时间，就获得 337 万元的众筹款。

（2）2017 年 1 月 5 日，认养一头牛在著名财经作家吴晓波频道亮相，之后一周时间里，便取得了近 200 万元的销售业绩。同年 6 月，入驻网易严选，成为平台"独家"牛奶产品。同年 11 月，获评有赞"2017 年度十大引导者"品牌。

（3）2018 年 1 月，"小米＆认养一头牛"联名款产品正式上线。同年 8 月，入驻盒马鲜生系统。同年 11 月，申请注册"认养 1 头牛"商标。同年 12 月，与丁香医生达成合作，在"丁香好物"栏目上架；与曹操专车 App 跨界合作，一起探索新出行新体验；获得"凯叔讲故事"力推，转化率突破 12%；助力吴晓波年终秀，成为新中产用户的代表性品牌。

（4）2019 年 1 月，公司牧场又引进了澳大利亚荷斯坦奶牛 4 000 头。

（5）2020 年春，从澳大利亚引进了 3 000 多头所产牛奶以高蛋白、高乳脂和口感极佳著称的娟姗奶牛。同年 6 月底，认养一头牛上线 3 年多，累计销售额超过 15 亿元。同年 11 月，跻身天猫"双十一"亿元俱乐部，天猫、京东旗舰店"双十一"同行业销量第一。

（6）2021 年 4 月 2 日，认养一头牛对 LOGO 进行了一次全面升级，采用"耳标"式 LOGO。同年 7 月，认养一头牛斩获 VCON 星创奖"年度最受消费者喜爱新锐品牌奖"。同年 8 月，认养一头牛与名人罗永浩展开合作，邀请他担任"首席奶牛福利官"，并拍摄了一条创意 TVC 传递品牌理念。同年 9 月 16 日，为公司首次公开募股（IPO）做准备，公司名称变更为"认养一头牛控股集团股份有限公司"。

（7）2022年5月，为保护品牌，认养一头牛公司在多个商标类别申请注册"认养1头牛 ADOPT A COW"商标。截至2022年上半年，认养一头牛线上渠道收入占比达60%以上。同年，认养一头牛入选中国奶业数字化转型卓越案例集。

（8）2023年3月，认养一头牛向上海证券交易所递交IPO招募书，获受理。同年9月19日，入选凯度2023年全球品牌足迹中国市场"韧性增长品牌"榜单。同年，在食业头条年度盛典上荣获"2023年度影响力品牌"称号，并入选"新浪潮·2023高质量成长品牌名册"。

第二节　品牌标识与市场定位

一、品牌命名与标识

认养一头牛品牌命名源自创始人的一种理念，即通过众筹方式让消费者认养一头奶牛，公司把每一头认养奶牛养好，从而为消费者提供质量有保证的牛奶。该品牌名称看似冗长，但通俗易懂，读起来顺口，很容易记住。"认养一头牛"是一个很好的品牌名称，它不仅通过告知消费者产品品类，形成了品牌与品类的高度绑定，还直接与其"认养"的营销模式相关联，即消费者真的可以到牧场认养一头牛。这个品牌名称本身就是一句广告语，自带传播属性，消费者每提及一次就免费给品牌打了一次广告，大大降低了传播成本。

"认养一头牛"与"认养1头牛"都已注册商标，归属于认养一头牛控股集团股份有限公司，两个商标可通用。

认养一头牛的品牌LOGO如图4-1所示，它的设计元素有耳标形状、黄底黑字、中英文品牌名，其色彩明丽、鲜艳，起到抓人眼球之效果。其形状采用奶牛的"耳标"形式呈现，"耳标"是认养一头牛牧场每头奶牛的"身份证"，小牛一出生，就会挂在它们的耳朵上。通过耳标、电子芯片和智能项圈，牧场可以记录奶牛日常信息，管理好每头奶牛。

图 4-1　认养一头牛品牌 LOGO

通过品牌名称的提炼、图标的精巧设计，认养一头牛的品牌传播力大大增强。但这样气质独特的品牌 LOGO 并不是一开始就确定的，它经历过一次重大修改。起初的品牌 LOGO 中突出英文单词"COW"，后来在使用过程中发现，把中文名称放在耳标图形上部并放大，更易于顾客辨认和记住品牌名，于是就有了如今的品牌 LOGO（图 4-1 中右边两个小图展示了 2021 年 4 月前后品牌 LOGO 的演变过程）。

为了更好地展示品牌形象，认养一头牛还设计出了"一头"卡通形象（见图 4-2），其神态有点木讷、迟钝、腼腆、憨态可掬。这一形象受到很多小朋友的喜爱，其玩偶也成了畅销品。

图 4-2　认养一头牛品牌形象"一头"

"一头"作为认养一头牛品牌的代表形象已经渗透到公司的各种经营活动和场景里，包括虚拟主播、终端堆头、IP衍生品、快闪店、品牌联名等，如图4-3所示。

图4-3 "一头"品牌形象展示场景

二、市场定位

1. 品牌核心价值

认养一头牛品牌核心价值表现在"奶牛养得好，牛奶才会好"（见图4-4）。"养好牛"，是认养一头牛的立身之本。把重点放在"养牛"上，改变用户对于购买牛奶的刻板印象，与已有传统品牌明显区别开来，告诉用户选购一款牛奶的标准，就是这家品牌养牛养得好不好，并传达给消费者，"我们不生产牛奶，我们只是替用户饲养奶牛""买牛奶，不如认养一头牛"。正如创始人徐晓波说自己进入奶牛业的初心是："养一头好牛，做出让中国人相信的牛奶给中国宝宝。"

图 4 - 4　认养一头牛的品牌核心价值

2. 品牌产品主要特点

（1）好品质，养好牛。认养一头牛通过打造"五好奶牛"，从而生产出高品质牛奶。一是品种好，奶牛是澳大利亚优良品种，均可以查到谱系档案。二是吃得好，即奶牛的伙食费高，每天约 80 元，以进口燕麦和自产青贮玉米为主要饲料。三是工作好，即采用全球先进的生产设备和严格的牛舍环境管理，以及对奶牛健康进行实时动态管理。四是住得好，即奶牛场配有专门的"产房"与"月子中心"，牛犊宝宝还有自己的"幼儿园"；奶牛妈妈们有松软的卧床，夏季有风扇和喷淋降温，冬天有防寒保温设备。五是心情好，即奶牛边听音乐边挤奶，定期做 SPA 和享受药浴，保持愉悦好心情。

此外，认养一头牛牧场实施数字智能化、精细化管理。可记录每头奶牛的运动量、反刍次数、喘息次数等，甚至可以在挤奶环节将每头奶牛的产奶量、泌乳曲线等信息记录下来，精准地把控奶牛的挤奶时间和挤奶次数，以数字化技术提升牧场管理水平。

（2）好品质，看得见。认养一头牛牧场全都采用机械化设备，有荷兰进口的全混合日粮饲料搅拌车专门搅拌发料，有自己的配方软件，保证饲喂的精准度和配方执行的准确率。采用世界先进的利拉伐转盘式挤奶设备，可同时容纳 72 头奶牛挤奶，该设备的输奶管线清洗比较方便，能有效控制牛奶中的微生物数量。挤奶工人遵循严格的挤奶流程：清洗乳房、擦拭乳房、装套挤奶杯、对器具冲洗消毒等，每一个环节都有操作规程，从而保证牛奶质量。

为了让认养模式真正有效落地，认养一头牛还特地打造了透明化牧场。用户不仅能 24 小时看到牧场的直播，还可以带上家人来到牧场进行认养奶牛、亲子游等活动，真正享受看得见的饲养、看得见的生产、看得见的配送等产品和服务。在参观牧场活动中，用户不仅能学习到奶牛饲养、牛奶生产、储运等方面的知识，还可以直接品尝到最新鲜的牛奶。

（3）好品质，可追溯。为了提升消费者对认养一头牛在产品保障方面的信任，所有产品全部经过 SGS（Societe de Surveillance，通用公证行，是一家总部设在瑞士日内瓦的国际检测机构）及国家级实验室的专业机构检测，不达标绝不出厂。挤出的生乳在检测合格后，全程冷链直配工厂，确保生乳的新鲜度。产品采用瑞典利乐公司全无菌生产线复合纸质包装，以及进口杀菌、灌装设备。世界级生产和加工工艺为"认养一头牛"写下品质保证。

认养一头牛牧场的生鲜乳在送上奶罐车之前，要经过 30 多项检测，包括脂肪、蛋白质、矿物元素、嗜冷菌等，所控制的数据标准远远高于欧盟的标准，如细菌数欧盟标准是 10 万个，而认养一头牛要求在 1 万个以下；而且只有这些项目都合格以后，才会把牛奶送到奶罐车上。为确保牛奶的新鲜，严格执行在 24 小时之内将鲜奶从牧场送往加工厂的规定。

认养一头牛对纯牛奶产品不做特别的加工，保持牛奶原味，零添加。此外，认养一头牛对乳制品采用利乐包装，可有效隔绝光线、氧气及外界的污染，既解决了长途运输对产品保质期的挑战，又避免了食品的浪费，也满足了消费者对乳制品的高质量需求。

认养一头牛就是这样，从种草开始全程可追溯，让消费者看见一瓶牛奶是怎么诞生的。正如创始人徐晓波所说："我们用高品质、高颜值、高性价比的牛奶来服务我们认养一头牛的客户。"

3. 市场定位策略

认养一头牛的客户群体主要是注重健康、环保、有社会责任感的消费者。这些消费者通常会选择有机食品、天然食品、无公害食品等高品质食品，而认养一头牛可以确保他们所饮用的牛奶是健康、营养、无添加的。此外，认养一头牛也可以满足特定群体对于动物保护的需求，因为认养者可以亲自去看望自己所认养的牛，了解它们的生活情况。

第三节　品牌营销策略

一、主要营销策略

1. "认养模式"营销

2017年1月，"认养一头牛"品牌创始人徐晓波在财经作家吴晓波频道接受访谈，向公众宣传"奶牛认养模式"。之后，他们的对话视频被多个具有影响力的自媒体转载，凭借着"买牛奶不如认养一头牛"的品牌理念和对牛奶品质的严格把关，品牌收获了一大批忠实粉丝，一举奠定了用户基础。

2020年5月底，认养一头牛"百万家庭认养计划"正式对外推出三种认养模式（见图4-5）：第一种是"云认养"，即通过小游戏体验饲养一头奶牛的乐趣，牧场动态会实时推送消息给用户，时刻保持品牌的可见性；第二种是"联名认养"，即认养一头牛联合吴晓波频道、敦煌IP等推出联名卡，消费者可以通过购买联名奶卡，享受产品送货上门和育儿指南等服务；第三种是实名认养，即成为真正的养牛合伙人，消费者可以在专供牧场提前一年预订牛奶，最高等级的会员还能给奶牛取名字、获得奶牛的照片和生长数据等。认养一头牛将会员分为"养牛新人""养牛红人""养牛达人""养牛合伙人"四个不同等级，不同等级的会员享受不同的权益，如积分兑换、购物优惠等。通过深化消费者对会员身份的感知，认养一头牛对私域用户进行精细化管理。通过建立统一的会员体系和分级等级制度，提升了消费者对品牌的忠诚度，进一步巩固了品牌与用户之间的关系。

云认养小程序　　　　　　　联名认养卡　　　　　　定期获得奶牛健康数据

图4-5　认养一头牛的"认养模式"

认养模式的打造在很大程度上给那些偏好新鲜事物、追求个性化定制服务的消费者带来了满足感。公司成立的五年间，认养一头牛的用户数量快速增长——截至2022年底，品牌在全网已拥有超过3 000万粉丝，会员总数已达2 400万。

2. 利用自媒体宣传

认养一头牛很少进行传统广告宣传，而是主要利用自媒体和新兴网络社交平台进行宣传，极具"网红"特色，带有互联网品牌的年轻与个性气质。

认养一头牛最初就是因为上了财经作家吴晓波的频道而扬名，之后积极与民间第三方测评品牌"老爸评测"、新一代大众健康媒体"丁香医生"、国内童年故事品牌"凯叔讲故事"、中国亲子服务品牌"爸妈营"、国内读书自媒体大号"十点读书"、著名短视频自媒体"一条"以及中粮健康生活、鲁豫有约、叶檀财经、21世纪经济报等100多个网络媒体大号合作，品牌传播辐射2亿多人次，从而使认养一头牛名声大噪，为品牌获取了大批流量红利。这些自媒体账号具备行业专业度和公众信服力，让认养一头牛在消费者内心里建立了稳固的第一印象。

3. 精品电商

为了扩大用户量，认养一头牛从2017年7月开始采用以优质渠道发掘用户的策略。第一条营销渠道便是网易严选。网易严选倡导"好的生活，没那么贵"的新消费理念，与认养一头牛不谋而合。从2017年5月起，网易严选对认养一头牛开始了2个月的严格考察，到2017年7月，"严选＆认养一头牛"联名款正式上线，好评率高达99.6%；2018年8月，网易严选携手甄选家实地考察认养一头牛牧场，见证其牛奶的好品质。至此，认养一头牛成了网易严选上第一款牛奶品牌。

认养一头牛又看上了小米公司旗下以品质生活为理念的精品电商"小米有品"，这一品牌依托小米生态链体系，遵循米家"做生活中的艺术品"理念，坚持为用户提供有品质的好商品。在历经严格的考察后，小米有品也选定"认养一头牛"为其合作牛奶品牌，双方共同打造"有品质的生活"。2018年1月，"小米＆认养一头牛"联名款正式上线，用户好评率高达96%。

4. 社交电商

为了赢得更广泛的市场，认养一头牛还将业务延伸至国内社交电商。2017年3月，认养一头牛入驻国内社交电商品牌——云集。作为国内社交电商领域的领头羊，云集单日销售额最高达2.78亿元，并在2017年一举突破了100亿元年交易额。"认养一头牛"成为云集重点培养品牌。2017年5月，认养一头牛产品上线，单月销售额达500万元；在2018年云集周年庆中，获得云集百万店主力推荐，单日销售额突破1 000万元。同年，认养一头牛与社交母婴零售平台——贝店合作，成为贝店第一乳制品品牌，并于2018年贝店周年庆单日销售额突破2 000万元。这些社交电商，助力认养一头牛跻身于中国乳制品行业的前列。

5. 内容营销

徐晓波团队认为，要想让好产品被消费者所熟知，就必须把它变成自媒体平台上的优质内容；只有把好产品变成好内容，再在以内容为主打的自媒体平台上进行传播，才会被消费者所熟知，最终才会把产品传递到最适宜的用户手中。公众号、短视频、小红书等内容场景是吸引消费者的第一道起跑线，优质内容可令品牌精准找到用户人群并增强品牌记忆点。

为了建立更牢固的消费者基础，赢得更多用户的认可和信任，认养一头牛借助内容电商进行传播和推广，实现从"用户选产品"到"让产品到用户中去"的转变，这也是新消费品与传统消费品相区别的重要特征。2018年10月，认养一头牛入驻小红书，建立和小红书的深度合作并获得小红书数百位达人的推荐，并于2018年12月成为小红书牛奶酸奶类目排行榜第一。此外，认养一头牛还与抖音合作，从2018年11月开始入驻抖音商家号并利用KOL（Key Opinion Leader，关键意见领袖）的能量得到持续曝光。

6. 直播带货

为了跟上时代的潮流，认养一头牛品牌积极应用直播间"带货"的新形式。2019年至2020年初，入驻多个淘宝"网红"直播间，利用网络红人的"带货"能力，进一步扩大了知名度，带来了粉丝和关注人数的暴增及销售规模的进一步扩张。

认养一头牛也开展企业自播，一开始因为没有专业主播，都是员工们积极踊跃、主动自发地进行自播，公司CEO想要直播都很难有排期。认养一头牛还利用公司各种活动鼓励员工自我表达，为企业提供源源不断的直播新动能。认养一头牛通过培养直播人才，不断贴近新时代消费者人群，辅以创新型营销，从而在"国民好奶"中抢得首要位置。

7. 跨界联名营销

认养一头牛在跨界联名上积极与不同领域的众多网红品牌展开内容共创，最大限度地强化用户对品牌的认知。如与喜茶合作，以"匠心好奶，灵感之茶"

为主题在杭州打造国风快闪店，吸引大批国潮爱好者互动打卡；与跻身健康赛道的王饱饱合作，推出联名早餐礼包，深化"牛奶 + 燕麦"的早餐组合联想，实现双方的互赢。通过一系列跨界合作，认养一头牛的品牌热度不断攀升，捕获了大量的年轻粉丝。同时，在跨界过程中也帮助品牌拓展了更多使用场景，唤醒了用户对牛奶的更多需求。

在线下，认养一头牛还积极与新零售平台合作，实现跨界营销。比如，与盒马鲜生连锁店合作，为盒马会员提供高质量新鲜牛奶；与股东鲜丰水果店合作在水果门店销售认养一头牛鲜牛奶；与艺福堂合作，打造"奶茶 CP"；与电影《上海堡垒》《何以为家》成为专属合作伙伴；2019 年国庆前夕，成为"我和我的祖国"联合推广品牌；与敦煌文化 IP 合作，以祥瑞神兽形象与"千年匠心，守护常在"的宣传口号，凸显认养一头牛如敦煌匠人般用心呵护用户健康的主旨。

二、不同发展阶段营销策略

1. 市场导入期

认养一头牛的市场导入期大致是从 2014 年建立奶牛场至 2017 年正式向市场推出产品。认养一头牛进入市场之际正值乳制品安全信任危机，又正值互联网电商时代新消费市场的崛起。在国内消费者对安全乳制品需求急剧增加和线上电商迅速发展背景下，认养一头牛打出"买牛奶不如认养一头牛"的概念，填补了这方面的空缺。和传统乳制品公司一味地强调奶源品质相区别，认养一头牛将自身定位成一家"养牛企业"与"牧场直达餐桌"的零添加、无调配自然牛奶搬运者。

在市场导入期，认养一头牛联合吴晓波频道、十点读书、中粮健康生活、丁香医生等几十家自媒体共同传播，为品牌生产优质内容，再在生产内容的自媒体平台上传播，从而快速增强了品牌知名度，还节省了不少广告费。

2. 快速发展期

这段时期大致为 2018 年开展广泛互联网跨界营销至 2022 年 7 月向证监会提交 IPO 招股书。2018 年初，在微信公众号的热度衰减之后，认养一头牛开始探索新的营销方法，主要是在小红书、抖音、微博、哔哩哔哩等新媒体上宣传认养一头牛品牌理念和运营模式。例如，在抖音上与带货大咖以及萌仓探物、阿喵零食坊、冒泡泡、跳跳大鹿等抖音 KOL 合作，以"每天伙食费 80 元""听着音乐产奶"等内容为营销切入点，宣传认养一头牛是如何生产高品质牛奶的。借助新媒体、新零售，多种形式的跨界营销，认养一头牛在市场中迅速打出了名气。短视频的传播能力是非常显著的，当认养一头牛出现在"网红"直播间时，已经有大批消费者抱着好奇心购买了主播手中好喝的牛奶，增加了品牌曝光量以及产品销量。

此外，认养一头牛与阿里巴巴集团天猫精灵事业部共同对传统牧业进行智能化升级，在"一牛一码"的产业链溯源、认养模式的语音购、智能导购机器人和沉浸式购物上做重点布局，有效解决了消费者对牛奶品质安全的顾虑并构建新的牛奶消费场景和销售模式。通过对奶牛产业链数字化管理系统改造升级，认养一头牛让消费者认识到：认养一头牛不是一家卖牛奶的公司，而是一家替用户养牛的公司。这样，认养一头牛品牌就将自己与传统乳制品品牌完全区别开来，让消费者更易于记住品牌核心价值和产品特点。

根据认养一头牛公司第一次披露招股书的情况，2019 年—2022 年 6 月末，其每年销售费用分别为 1.94 亿元、3.02 亿元、4.83 亿元、3.52 亿元，销售费用率分别为 22.46%、18.35%、18.82% 和 22.02%，三年半内销售费合计为 13.31 亿元，其中广告费合计 10.41 亿元。认养一头牛在 2019—2021 年三年间，外采生牛乳费用分别为 1.09 亿元、2.10 亿元、4.11 亿元，按照当年平均采购单价，外采数量分别为 2.74 万吨、5.22 万吨、8.63 万吨，外采奶源比例分别为 53.34%、42.84% 与 49.57%，大约有一半奶源需要外采。

2019 年到 2022 年上半年，其营业收入分别为 8.65 亿元、16.50 亿元、25.66 亿元、15.97 亿元，净利润分别为 1.08 亿元、1.45 亿元、1.40 亿元、6 814.31 万元，净利率分别为 12.46%、8.80%、5.47%、4.27%。增收不增利可以归因于一方面主营业务成本增加，另一方面花在营销上的费用太多。

3. 稳定发展期

这一时期大致是从 2022 年 7 月提交招股书开始。认养一头牛除了利用线上传播渠道来帮助品牌推广之外，还通过线下投放广告，大面积覆盖一、二线城市，持续宣传"奶牛养得好，牛奶才会好"的品牌理念。2023 年 1 月 12 日，证监会就认养一头牛公司招募书的内容发出询问函，提出了包括营销费用占比高、外采奶源比例高、是否存在传销、是否有非法集资等 48 个问题，要求认养一头牛公司给予答复。2023 年 2 月 7 日，认养一头牛公司更新了招股说明书，对证监会的询问给予了回复。认养一头牛公司承诺会减缓发展速度，将针对证监会的询问做出整改，完善有关制度，争取顺利上市。

第四节 品牌建设主要经验

一、品牌定位差异化战略

自 2008 年三聚氰胺事件后,我国乳制品行业形成了以伊利、蒙牛为绝对头部的双寡头格局,同时还有三元、光明、完达山等第二梯队知名企业。2020 年,伊利与蒙牛市场份额占比高达 86%,二者不仅在奶牛自养规模、牧场、奶源等方面占据优势,还有经营已久的线下渠道优势。除此之外,伊利和蒙牛每年都有巨额广告投入,双方财报显示,仅 2018 年伊利和蒙牛就分别投入广告费 110 亿元和 70 亿元。伊利金典和蒙牛特仑苏成为各大热门综艺的冠名常客,通过大量的广告投放将乳品竞争拉入优质蛋白含量比拼的赛道,缺钱少人的中小型乳制品企业很难争得一席之地。

在这种市场竞争非常激烈的环境中,认养一头牛从品牌建立开始,就采取差异化经营战略,标榜自己是"一家替用户养奶牛的公司",主张"买牛奶,不如认养一头牛",面向消费者开放生产经营环节,重塑消费者关系,让消费者自己选控奶制品,建立消费者的"所有权"。这样,就开辟了中国乳制品行业的新赛道,即不与大品牌在牛奶特点上直接竞争,而是在保证产品同质的情况下,构建独特的"认养"理念,从品牌名、品牌标语到营销活动都围绕"认养"核心价值展开,与消费者共同建立牛奶经营"合伙人"制度。

二、奶牛认养模式

认养一头牛最重要的一条成功经验就是"认养模式"营销。用"喝牛奶不如认养一头牛"的宣传口号,将销售牛奶变成消费者认养奶牛。认养模式打破了消费者与公司之间的沟通壁垒,在线直播等数字化技术使生产流程透明化,让消费者了解高品质牛奶是怎样安全生产出来的,进而消除对牛奶品牌的不信任感,这种高互动性和参与感大大强化了消费者与品牌的关系。

"认养模式"已成为现代农业一种有效的营销方式,如"认养一棵苹果树""认养一棵荔枝树""认养一块蔬菜地""认养一只羊""认养一头猪"等。与传统农业相比,这种认养农业通过消费者与农场直接对接,实现"从农场到餐桌"

的供应链和价值链整合，既为农民增收提供了保障，也为消费者提供了新鲜、健康、可追溯的农产品，是双赢、多赢的经营模式。

三、善用网络新媒体传播

认养一头牛品牌知名度提升，在很大程度上依赖网络新媒体传播。早期经民间第三方检测第一品牌老爸测评、丁香医生以及中粮健康、鲁豫有约等推荐，品牌辐射人群显著增加；随后该公司通过与各大自媒体平台、各大主播、KOL等合作，形成了强大的自媒体宣传阵势；微信、微博、抖音、小红书、知乎等都可见到"认养一头牛"。2021年8月，认养一头牛与名人罗永浩合作，制作了一则短视频。短片中展现了奶牛在认养一头牛牧场里接受很好的照顾：有专门的工作人员护理，并且每天听着音乐，日子过得很舒适。该短片在罗永浩官方微博上已经获得超过200万的播放量。结合罗永浩的经历，认养一头牛制作了这样一条广告语："不是网红，只是认真养牛，刚好红了"，传达出了认养一头牛品牌的初心：不想做网红，只是认真养牛，而"红了"只是一种"刚好"的结果。这种巧妙解析，又赢得了很多粉丝的叫好，并通过网络媒体进一步传播开来，认养一头牛品牌的影响力也进一步扩大。

四、跨界联名营销

认养一头牛为了迎合用户需求做了很多跨界营销，比如和奥利奥、康师傅等知名传统品牌跨界联名，与喜茶、王饱饱等新锐热门品牌联动，甚至与敦煌博物馆等官方文化机构进行跨界联合作宣传活动等。认养一头牛通过与多个行业知名品牌开展跨界营销活动，进行IP联名，互助互推，大大增强了品牌知名度。

五、从线上走向线下联动

认养一头牛走了一条从线上渗透到线下的逆向营销路径。传统乳制品行业依然停留在超市货架之争、小卖部冰柜之争，认养一头牛选择了避开这些中间商，直接与最终消费者交易。早期，认养一头牛通过自媒体、内容电商等线上渠道逐步崛起，自2018年以来陆续进入天猫、京东等平台电商，并发力抖音、快手等短视频渠道，以及盒马、鲜丰水果、永辉、物美、美团优选等新零售渠道，线上、线下渠道占比大致为3：1。认养一头牛是从线上营销起家的，且主营业务是生产和销售乳制品，今后其发展重心将会逐步转向以奶牛饲养、奶制品生产与加工为主。

六、积极稳妥开发新产品

与伊利、蒙牛等企业的多元化产品相比，认养一头牛的产品组合相对简单，但每一款新产品的推出，都是基于顾客需求而考虑的。认养一头牛有两款黄金搭档产品，即纯牛奶和酸牛奶，近几年来经过市场调查，又陆续推出了"牛乳初粉""奶酪棒"等新产品。

2019 年 11 月，认养一头牛推出的"棒棒哒奶酪棒"在天猫、云集、一条等众多电商平台一上线就受到欢迎。该产品围绕"打造一款好吃、好玩、健康、有营养的儿童零食"理念，采用阻氧技术等高端制作工艺，每条奶酪棒均为全封闭独立包装，锁住美味和营养，充分保障口感和品质；还以含有儿童所需高钙高蛋白为宣传亮点，获得无数宝妈青睐，恐龙卡通形象包装及儿童智趣问答内容又让小朋友们爱不释手。2020 年 3 月，"棒棒哒奶酪棒"在 307 个创新食品饮料产品的评审中突出重围，跻身"iSEE 全球食品创新奖"100 强。

参考文献

［1］石一．全民"认养 1 头牛"［J］．经理人，2022（2）：62 – 66.

［2］曹流芳．"认养一头牛"：在成熟品类市场，新兴乳业品牌如何突围？［J］．国际品牌观察，2022（4）：46 – 48.

［3］李阳，冯启．认养一头牛 以牛为本的乳品新锐［J］．乳品与人类，2021（3）：32 – 43.

［4］百度百科．认养一头牛［EB/OL］．https：//baike. baidu. com/item/认养一头牛/24229496.

［5］顾春梅，等．认养一头牛：重新定义品牌与消费者的关系［EB/OL］．https：//mp. weixin. qq. com/s/AjaMFLM – 05PBZbiW4MXz8w.

［6］三文．认养一头牛 logo 设计含义及牛奶品牌标志设计理念［EB/OL］．https：//www. 3wen. com/wenzhang/id/8347. html.

［7］翟莱花．喜欢讲故事的"认养 1 头牛"，能走多远？［EB/OL］．https：//mp. weixin. qq. com/s/Sgo91Q3YZ5kwl_ 14j_ PKgg.

［8］小猪说营销．小猪说营销：认养 1 头牛的出圈之路［EB/OL］．https：//

mp. weixin. qq. com/s/RcFSe7cZZCKzrR_ E39_ 6Qw.

[9] Brandstar. 认养一头牛：一个专注于为用户养好牛的乳业品牌|品牌星球专访［EB/OL］. https：//mp. weixin. qq. com/s/ZavDZSlEyxD3yixnJ8pA0g.

[10] 每氪商标. 认养一头牛怎么这么火，号称替用户养奶牛的乳业爱马仕［EB/OL］. https：//mp. weixin. qq. com/s/5NJ5wcQinxyt7EX7m－mQIQ.

[11] 高登学苑. "认养一头牛"的私域到底有多牛？［EB/OL］. https：//mp. weixin. qq. com/s/iTASM5s5uVx9rMPEfFxJXA.

[12] 广告门 APP. "当红"之后，认养一头牛的"长红"选择［EB/OL］. https：//mp. weixin. qq. com/s/TA6f3bEGuVE0HwcEEEI8BQ.

[13] 蒋蒙. 认养一头牛：养奶牛还是卖牛奶？［EB/OL］. https：//mp. weixin. qq. com/s/U56pZvxMH4iXNl4KzW8wCw.

第五章
电商坚果食品类第一品牌——三只松鼠

案例简介

"三只松鼠"由"松鼠老爹"章燎原创立于 2012 年，其公司名称为三只松鼠股份有限公司，是一家互联网食品企业，总部位于安徽省芜湖市。公司主营业务包括坚果、肉脯、果干、膨化食品等休闲零食，目前拥有 4 000 余名正式员工，年销售额超百亿元。2023 年正式登陆深交所创业板，被称为"中国坚果类食品上市公司第一股"。三只松鼠品牌形象是三只可爱的卡通小松鼠："鼠小酷""鼠小贱""鼠小美"；其独特的情感营销使之深受消费者喜爱。三只松鼠连续 7 年占据"双 11"天猫食品类销售额第一名，累计销售坚果零食产品超过 200 亿元，网上用户数超过一亿人，近几年一直位居线上线下同业态坚果零食全行业第一名。《人民日报》评价三只松鼠："把消费者养成了吃坚果的好习惯，成为下一个国货领头羊。"三只松鼠凭借其过硬的产品品质与独特的销售模式，销售量跃居成为坚果行业的领军者，发展速度之快，堪称中国电商史上的一大奇迹。

第一节　品牌产生背景及发展情况

一、品牌产生背景

2003 年，在外地打拼多年的章燎原回到了家乡安徽，进入安徽詹氏食品公司，做起了山核桃营销员。由于销售业绩突出，29 岁的章燎原被破格提拔为詹氏公司的营销副总经理。2010 年，章燎原在网上开了一个名叫"壳壳果"的品牌店，专卖山核桃。2011 年"壳壳果"的销售额突破 2 000 万元。然而詹氏公司内部对电商市场仍不看好，由于意见不合，章燎原只好辞职，选择了自己创业。

章燎原相信，互联网时代是一个泛娱乐化的时代，要成立公司创业，首先要取一个能拉近与消费者距离的品牌名。一次，章燎原在和儿子观看电视节目《三个火枪手》动画片时产生灵感，"三只松鼠"这个名字突然浮现在他的脑海里。"三"在中国文化里寓意无限，有源源不断的意思；松鼠爱吃松子等坚果类食物，与他擅长卖的山核桃有密切关系；"三只松鼠"这个名字叫起来朗朗上口，于是章燎原决定用"三只松鼠"这个名字作为品牌名。

2012 年 2 月，章燎原带领 5 个人的小团队，在安徽芜湖的一间民房里创办了安徽三只松鼠电子商务有限公司。同年 6 月 19 日，淘宝天猫商城"三只松鼠"网店上线营业，7 天时间就完成了 1 000 单的销售。

二、品牌发展情况

"三只松鼠"品牌一经推出，立刻受到了风险投资机构的青睐。仅在 2012 年就先后获得 IDG 资本的 150 万美元 A 轮天使投资和今日资本的 600 万美元 B 轮投资。依托品牌、产品及服务优势，2016—2020 年，三只松鼠公司连续五年位居中国坚果销量第一。2019 年底，三只松鼠营业总收入达到 101.7 亿元，净利润达到 2.39 亿元。2022 年公司成立十周年之际，三只松鼠开启了战略转型：聚焦坚果供应链建设，走第一、二、三产业融合的高质量发展之路，逐步向全球化迈进。

"三只松鼠"品牌发展过程中的重要时期和事件：

（1）2012 年 8 月 25 日，三只松鼠在淘宝天猫商城上线的第 65 天，跃居坚果类日销售量第 1 名。同年 12 月，入选中国创业财经类权威杂志《创业邦》2012 年中国年度创新成长企业 100 强。

（2）2013 年 1 月，"三只松鼠"商标申请注册。同年，入选"中国创新产品十强"，并再次入选《创业邦》2013 年中国年度创新成长企业 100 强。

（3）2014 年，为确保产品质量安全，成立中创食品检测中心，是国内互联网休闲零食行业中首家取得双 C 认证（CMA、CNAS）的检测机构。同年 4 月，公司又获得今日资本、IDG 资本两家境外基金共计 1 627 万美元的天使投资。

（4）2015 年 9 月，获得总金额达 3 亿元人民币的融资，三只松鼠的估值达到 40 亿元。

（5）2016 年 6 月，三只松鼠党委获评为安徽省先进基层党组织。同年 9 月 30 日，三只松鼠首家线下直营店——芜湖金鹰新城市店开业。

（6）2017 年 6 月 15 日，宣布与歌手组合 TFBOYS 合作。同年 8 月 29 日，三只松鼠综合产业园在安徽芜湖举行开工典礼。同年 11 月 11 日，新华社发文称三只松鼠为新时代"改革名片"，见证中国发展变迁。

（7）2018 年 7 月 7 日，三只松鼠在安徽芜湖举行以"松鼠新时代创始元年共建超级国民品牌"为主题的伙伴共创大会，来自全国各地的上千名松鼠伙伴齐聚一堂，共商新时代休闲零食行业发展大计。同年 9 月 1 日，首家松鼠联盟小店在山东淄博正式开业，三只松鼠计划未来五年内开张 1 万家门店。

（8）2019 年 7 月 12 日，三只松鼠在深交所挂牌上市，被媒体誉为"国民零食第一股"。同年，荣获上海报业集团评选的"中国安心奖：年度食品快消企业"，入选工信部"工业互联网平台创新应用案例""工信部制造业与互联网融合发展试点企业"，进入"全国农产品加工业 100 强"。

（9）2020 年 6 月，成立了"小鹿蓝蓝"，向多品牌战略发展，打造出了山楂棒、香香米饼、鳕鱼肠、鲜虾片、冻干奶酪块等千万元级的宝宝零食细分类目畅销单品。同年 11 月，成立助农品牌"帮一把"，依托三只松鼠的供应链和渠道销售优势，为全国各地滞销农产品打开销路。

（10）2021 年 6 月 28 日，建党 100 周年之际，三只松鼠党委荣获"全国先进基层党组织"称号。同年 10 月，得到"中国轻工业坚果休闲食品工程技术研究中心"授牌，成为坚果行业唯一一家获此殊荣的企业。同年 10 月 15 日，在天津发布新分销战略，正式进军线下分销渠道，加快入驻永辉、沃尔玛、大润发等中国百强连锁商超。

（11）2022年8月，入选"2022中国品牌500强"，列432位。同年，成功入选中央广播电视总台"CCTV·匠心坚果领先品牌"。

（12）2023年8月29日，三只松鼠公司披露2023年上半年财务报告，营业总收入28.93亿元，同比下降29.67%；净利润1.54亿元，同比增长87.03%；在公司十大流通股东中，章燎原持股占比10.03%，为第一大股东。

第二节　品牌标识与市场定位

一、品牌命名与标识

"三只松鼠"品牌名称虽然来自创始人章燎原的灵感，但其含义丰富："三"字不仅是一个数字，而且是一个吉祥数字，它还寓意"完美、圆满、无限"（"一生二、二生三、三生万物"）；松鼠喜欢吃坚果，即寓意该品牌主要售卖坚果食品；松鼠以活泼可爱的形象，深受大人小孩喜爱。"三只松鼠"这个名字叫起来朗朗上口，生动形象，展现出活蹦乱跳的松鼠形象。这个名字易读易记，不知道这为创始人章燎原省下多少广告宣传费！

三只松鼠的品牌LOGO是三只造型各异的卡通松鼠，突出了品牌的动漫化特色（见图5-1）。LOGO图形中三只松鼠各有其名和个性特征：左边戴蝴蝶结的是松鼠小美，她张开双手，寓意松鼠团队拥抱和欢迎每一位顾客；中间穿吊带蓝裤的是松鼠小酷，他握紧拳头并竖起大拇指，象征松鼠团队的自信和力量；右边戴眼镜的是松鼠小贱，他手势向上，象征着松鼠团队

图5-1　三只松鼠品牌LOGO

的青春活力和积极向上、勇往直前的拼搏态度。品牌创始人为三只松鼠赋予不同的姓名、差异的造型，形成不同个性，拉近了品牌与消费者的距离。

三只松鼠线下门店装饰也主要突出品牌标识，门口放置一把长椅，椅子上还常常摆放着戴眼镜的松鼠小贱雕像（见图5-2）。"萌"是三只松鼠品牌的重要

特征。包括创始人章燎原在内，每位员工都有以"鼠"命名的"花名"，章燎原自己的"花名"就叫"松鼠老爹"。

图 5 - 2　三只松鼠门店装饰

二、市场定位

1. 品牌核心价值

"三只松鼠"品牌的核心价值是：以活泼、轻松的风格，为消费者提供健康、营养、美味、可口的休闲零食。提倡"超越预期，真实，奋斗为本，创新，只做第一"的价值理念。"让坚果和健康食品普及大众"是其企业使命，聚焦坚果优势品类，携多品牌 IP 走向全球，实现可持续的高质量发展。

2. 品牌产品主要特点

（1）优质美味的每日坚果。为了满足消费者对坚果品质的需求，三只松鼠的产品研发小组和关联制造商紧密合作，从全球各处采购高质量的原料，并采用低聚果糖真空浸泡技术替换掉传统的果干加工方法，充分保留食品的营养成分，不使用任何化学防腐剂和甜味素。

三只松鼠严格规定了产品生产过程的操作规范，所有原材料使用之前都要经过抽样检测，对坚果和果干的颗粒大小、饱满程度、含水量、组织形态及色泽缺陷比例和坏籽率等方面都有筛选分级指标要求，每一个原料挑选工作台固定匹配一种产品，不锈钢周转盆里的原料禁止混用。三只松鼠对于产品原料、加工工艺以及最终成品质量要求都远高于同行业其他企业，在质检环节严格按照生产标准进行感官、理化指标及微生物检测，同时对霉变率、坏籽率、酸价和过氧化值等指标进行严格把控，以保障出厂的产品都是安全、高质量的。

（2）性价比高的每日坚果。三只松鼠按照坚果、果干的营养成分和口感，对坚果进行合理搭配，其经典产品组合是六种坚果搭配三种果干，从而使得三只松鼠每日坚果区别于其他品牌产品。

相比于其他大多数同类厂家的产品，三只松鼠每日坚果的品种类别较多，营养更均衡，口感更好，性价比也较高。以 500g 坚果产品为例，三只松鼠的售价仅为 66 元，而其他同类产品的价格一般都在 80 元以上，甚至有少数品牌还添加了较多的葡萄干等低价原料，售价虽然与三只松鼠很接近，但性价比明显较低。

总体来说，三只松鼠每日坚果无论是在产品品质、搭配组合上，还是在价格竞争力上，都处于行业前列，也正因为这样的保障，其产品在市场上才广受欢迎。

3. 市场定位策略

三只松鼠的目标消费群体主要是 20 ~ 45 岁的中青年人。这些消费群体是网购的主力军，并且在生活上依赖互联网；他们在消费时看重的不仅仅是价格，更有消费时的精神体验、便利性和服务。他们还会考虑是否方便携带，是否干净卫生，是否能为无聊的时光增添愉悦心情等。

三只松鼠为了表明品牌定位，与消费者拉近距离，门店店员称顾客为"主人"，并在短视频、动画片等场景也都称顾客为"主人"，让三只松鼠的消费者处处体验到"主人"的待遇。面对越来越注重体验的消费者，三只松鼠提供越来越多体贴入微的服务：随箱赠送开箱器、封口夹、开果器、果皮袋、湿纸巾等，其中一些赠品已成为标准配备，并成为同行效仿的榜样。

第三节　品牌营销策略

一、主要营销策略

1. 代言

（1）卡通人物代言。在代言人方面，三只松鼠主要以三只卡通松鼠作为公司的代言人（见图5-3），以拟人化的形式代表三类不同的年轻人。用卡通人物代言，最大的好处是不受代言人本身实际行为是非、好坏的影响，可以起到持久稳定的宣传效果。

　　（a）松鼠小酷　　　　　　（b）松鼠小贱　　　　　　（c）松鼠小美

图5-3　三只松鼠卡通代言人

（2）名人代言。2017年6月15日，三只松鼠宣布与TFBOYS合作。三只松鼠的顾客多见90后、00后，且多为女士，其特点是爱网上购物和吃零食。TF-BOYS凭借丰富的才艺和阳光的形象，受到无数人的喜爱，其微博有着超6 600万的粉丝；两个受众群体重合度较高，一拍即合，其合作产生了1+1大于2的效应。

（3）著名配音演员为视频广告配音。为了更好地表现三只松鼠的形象，三只松鼠的广告配音主要由国内一些知名配音演员担任。这些配音演员的出色表现，也让消费者对三只松鼠品牌更加信任和喜欢。如王琦曾为很多电影、电视剧、动画片配音，并多次获得优秀配音奖项，她的配音具有极高的辨识度，深受广大观众喜爱和认可。在三只松鼠广告中，王琦以其独特的嗓音和表演风格，为品牌树立了鲜明的形象和品牌声音，成为品牌的重要一环。还有，李英爱配音的三只松鼠游戏广告也广受欢迎，对游戏市场和三只松鼠品牌宣传都发挥了重要的作用。

2. 影视植入广告

近年来我国文创产业高速发展，出现了很多优秀影视作品，并由此产生很多社会热门话题。三只松鼠坚持"消费者在哪里，广告就在哪里"的营销观念，开始尝试在影视剧中植入品牌。三只松鼠通过对影视剧中人物画像分析，植入《欢乐颂》《好先生》《小丈夫》《微微一笑很倾城》、韩剧《W 两个世界》等热门电视剧，借助热门影视剧的人气和剧中明星的热度，通过大面积的曝光，收到很好的宣传效果。

3. 娱乐化营销

三只松鼠将自身 IP 与 TFBOYS 的明星 IP 相结合，通过流量和粉丝经济，实现了企业的曝光和转化。三只松鼠以 TFBOYS 演唱会门票作为噱头，在官方微博进行宣传引导粉丝关注转发，结合账号搜索推荐，一条博文转发量就达到了 20 多万次，获得大量粉丝关注。话题"TFBOYS 四周年 AliveFour"的阅读量达到17.7 亿人次、讨论量达到 1 461 万人次。针对如此好的效果，三只松鼠进而推出话题"TFBOYS 三只松鼠紧急集合811"，让品牌与明星之间联系更加紧密，让双话题同时进入话题热门榜单，获取大量微博热度。

另外，三只松鼠联合啪啪电台和荔枝 FM 电台合作推出了一档名为"松鼠树洞"的栏目，每期讨论主题不定，或关于美食，或关于音乐、人生等，均是年轻人喜闻乐见的议题，栏目主播是三只松鼠形象中唯一的女性"松鼠小美"，女性特有的温柔和善解人意，让该栏目成为一个可以说出自己心事的地方，借助这样一个平台，加强了品牌与消费者的情感交流。

4. 动漫营销

三只松鼠以多样化手段营销，再加上影视剧植入，已经形成了一个"网红"IP。在这样的基础上，三只松鼠"动漫营销"的优势非常突出。

在品牌角色上，策划团队通过拟人化的手法打造了三只性格迥异的萌态松鼠，赋予不同的人格特征和名字。松鼠小贱爱卖萌，代表坚果类产品；松鼠小酷是"技术宅"，代表干果类产品；松鼠小美则是现代女性的典型代表，代表花茶类产品。独特的名字和可爱的卡通形象极易让人记住，也为品牌营销省掉了不少的宣传费用。

2014 年，三只松鼠成立松鼠萌工厂动漫文化有限公司。在与功夫动漫的合作中，三只松鼠基本保持了一年推出一部人气动漫作品的频率：2015 年推出《奋斗吧！松鼠小贱》；2016 年《三只松鼠》上线；2017 年，推出三只松鼠 × TFBOYS 微电影《萌主的考验》和手机游戏《三只松鼠坚果大战》。

从 2017 年开始，三只松鼠在布局线上动漫剧的同时，也开始着力规划主题乐园。2017 年 10 月，在总部安徽芜湖的松鼠小镇正式开工建设，占地面积 235 亩，总建筑面积约 4 万平方米，总投资近 15 亿元。

为配合松鼠小镇游乐园建设，2019 年 1 月三只松鼠推出了动画片《三只松鼠之松鼠小镇》（见图 5 – 4），2020 年 1 月又推出《三只松鼠之松鼠小镇（第二季)》，并在爱奇艺、芒果 TV、优酷视频、腾讯视频、哔哩哔哩等网络平台播放。

图 5 – 4 　《三只松鼠之松鼠小镇》动画片宣传广告

2020 年 11 月 21 日，芜湖的松鼠小镇正式开业，仅开业两周就已经成为芜湖的"打卡圣地"。松鼠小镇是结合松鼠形象和森林元素打造的集娱乐设施、线下零售店、餐馆等诸多功能于一体的主题化乐园。如果芜湖试点成功，未来几年，松鼠小镇会布点全国。

5. 互联网新媒体营销

三只松鼠结合品牌自身因素、新媒体特点以及不同平台受众，综合运用互联网新媒体手段开展营销，主要有：

（1）社交媒体营销。在微博、微信、抖音等社交媒体平台上开设官方账号，通过发布有趣、有料、有用的内容吸引用户关注，增加三只松鼠品牌曝光度和用户黏性。

（2）网络广告投放。在百度、360 等搜索引擎和淘宝、京东等电商平台上投放广告，提高品牌知名度和销售额。

（3）网络直播。通过直播平台进行产品展示、品牌推广和互动营销，吸引用户参与互动，增加三只松鼠品牌影响力和用户忠诚度。

（4）网络口碑营销。通过用户口碑、评价、分享等方式进行品牌推广，提高三只松鼠品牌美誉度和用户信任度。

（5）网络营销活动。通过线上抽奖、优惠券、促销活动等方式吸引用户参与，增加三只松鼠品牌互动性和用户转化率。

（6）自有网站、自有 App 营销。三只松鼠通过自有网站、自有 App 平台进行产品介绍和文化传播，保持品牌的活跃性。

6. 公关活动

公关活动从策划到实施的过程本身就是品牌的传播过程，有效的公关活动可以持续提高品牌的知名度、认知度和美誉度。三只松鼠的公关活动多选择具有趣味性、话题性或具有积极社会意义的活动事件，吸引消费者注意力，激发受众的兴趣和情绪，让受众自发地参与到品牌文化的构建和传播过程中。

比如，在 2017 年的网易云音乐地铁刷屏的热潮下，三只松鼠在北京一号线和上海二号线顺势展开了促销活动，并利用直播促进消费者的网络社交互动；再如三只松鼠联合青春偶像团体 TFBOYS 拍摄的短片《萌主的诞生》，吸引更多年轻粉丝的关注，三个自带"萌"特性的少年与三只松鼠展开了一场拯救森林的活动，短片构思巧妙、情节引人入胜，并通过实时二维码实现与观众的交流，更有效地传递了产品文化信息和核心理念。

三只松鼠还积极参与社会公益活动，履行社会责任，以提升品牌在消费者心目中的地位。从 2014 年的"PKU 儿童行动项目"到 2017 年六一节期间与"暴走漫画"联合发起的"六一红鼻子节"公益活动，"三只松鼠"将快乐与陪伴的初衷传递到更多的家庭中，一方面在家庭年轻化迭代的品牌意识上下了功夫，另一方面也传达了品牌成长陪伴的文化理念，塑造了良好的品牌形象，一举两得。

2020 年新冠疫情暴发后，三只松鼠公司党委第一时间牵头发起"火山行动"并组建"火山突击队"，坚持防疫保供两手抓，积极为抗疫贡献力量。公司先后累计向湖北等抗疫一线捐赠物资近 500 万元，在当年的妇女节向出征湖北的 206 名芜湖医护人员捐赠凯旋大礼包，以此向白衣天使们致以敬意和感激。2020 年 7 月面对长江流域汛情严峻的情况，三只松鼠公司的 227 名党员面对危机主动请缨，加入"松鼠党员防汛突击队"并参与巡堤查险和应急救援等工作，为整个防汛抗洪工作发挥了积极作用。

2021 年 7 月为援助河南洪涝抗灾，三只松鼠紧急调拨面包、饼干、方便速食和饮用水等 10 余万件食品驰援一线。此外，三只松鼠旗下婴童零辅食品牌小鹿蓝蓝通过中国儿童少年基金会向新乡市妇联定向捐赠了 20 000 盒儿童蔬菜饼干，用于补充受灾儿童营养所需。

2022 年 4 月，芜湖突发疫情，三只松鼠向芜湖捐赠 5 000 份坚果"健康能量包"，为一线防疫人员送上物资补给；同时，迅速组建"红松鼠抗疫志愿队"，近 200 名企业党员、积极分子、优秀员工代表报名参加，深入社区一线，服务疫情防控工作，践行社会责任。

二、不同发展阶段营销策略

1. 市场导入期

从 2012 年进入淘宝网并获得 IDG 资本和今日资本的第一次天使投资，至 2014 年获得 IDG 资本和今日资本的第二次天使投资，这段时期可称为三只松鼠的市场导入期。其主要营销策略如下：

（1）开创坚果新品类。三只松鼠产品进入市场的 2012 年，我国休闲食品多以不健康的油炸类品类为主，坚果类食品还未形成气候，且多以散货形式出现在销售终端，品类发展空间很大。章燎原抓住这一市场缺口，针对消费者对"品质、健康、新鲜、方便携带"的新需求，开创了"坚果零食"的新品类。

（2）打造可爱的"三只松鼠"品牌形象。电子商务食品市场的消费者以年轻人为主，因此，"三只松鼠"品牌形象正好迎合了这些年轻人的审美和情感需求，提高了他们的购物兴趣，从而快速打开了市场。

（3）微博宣传。在三只松鼠的微博传播中，传播内容以软性的品牌文化为主，其次才是硬性的品牌信息。这些软性的品牌文化内容是基于目标受众的话语体系而产出的，以受众喜闻乐见的经典语录、笑话段子、卖萌式的沟通交流、新闻资讯等为切入点，进入目标受众的视野，建立独树一帜的形象体系，利用微博建立起品牌与受众在购买行为之外的关系，让品牌和消费者更好地沟通、互动分享。通过微博宣传扩大品牌知名度，进而促进消费者购买行为。

2. 快速发展期

三只松鼠 2015 年营业收入达到 20.43 亿元，至 2019 年营业收入达到 101.7 亿元，五年间营业收入从 20 亿元增长到超 100 亿元，这期间可以称为三只松鼠快速发展期。其主要营销策略如下：

（1）加快开发新产品。在配方应用、包装工艺、标签及口味升级等方面下功夫，形成新卖点，如白桃枣、每日坚果等；通过直发模式缩短销售链路，节省流通时间，提高产品新鲜度和口感的产品端功能创新；将一种工艺或者一种配方应用到新产品开发，如将罐头工艺用到甜品上的"奶奶甜"，优质美味的鸭血粉丝汤等；以基础研究的核心技术进行新产品开发，比如，通过把发酵工艺应用到常温食品上，研发出了低脂低卡、高蛋白、易吸收的鸡胸肉、牛肉产品。

（2）不断完善供应链和物流体系。三只松鼠自建了云中央品控平台和中创食品检测有限公司，把农产品的生产者和消费者连接起来，通过用户评价和检测数据倒逼上游生产者改善品质，在提高行业效率、降低成本的同时，提升了用户体验，更好地满足消费者需求。通过中央品控云平台可以随时看到线上的实时数据，如产品好评率、合作伙伴质量指数、物流配送质量指数、差评解决率等数以亿计的信息流的汇总、分析，并将可执行指令分发到供应商、物流、分装车间等各个环节。

三只松鼠为优化供给端物流仓配体系，已建立了 6 大物流仓库、仓配园区，在物流园区附近又新建一批加工厂，方便物流配送管理。还积极探索从电商品牌向数字化供应链平台企业转型。通过大数据技术，数字化改造并赋能传统供应链，进一步提升食品行业的生产效率；通过智能制造技术，成长为基于信息技术和大数据下的数字化供应链平台企业。

（3）提供差异化消费体验。为了给消费者提供更好的产品和服务，三只松鼠经常让公司员工组团来产品展示厅试吃，然后请他们把吃瓜子、花生、坚果等所有不够满意的体验都列出来；有人说瓜子壳没地方放，有人说核桃太硬没工具等。于是，消费者所购买的三只松鼠食品包装袋（箱）里多了赠送的果壳袋以方便装果壳垃圾，封口袋或封口夹以防止未吃完食品返潮，湿纸巾以方便吃完食品后擦手等。

这样极致的用户体验也迅速给三只松鼠贴上了差异化标签，成了决定用户是否复购的关键。除此之外，线上店铺随处可见"我们给主人的，永远在主人的想象之上""您可以属于别人，但我只属于您"的话语。三只松鼠的人格化不仅拉近了与消费者的距离，其衍生的"主人和宠物之间"的关系更取代了商家和消费者之间的关系，对比卖产品，客服更像是品牌建立者。这种贴心服务使三只松鼠在短短7年时间就迅速成为坚果类第一品牌。

3. 稳定发展期

2020年以后，三只松鼠每年营业收入稳定在90亿元左右，进入了相对稳定发展期。其主要营销策略如下：

（1）IP多元化。三只松鼠已经成为具备IP属性的全国性品牌，累计消费者超1.64亿人次。创始人章燎原说："IP品牌能够使企业作为一个人格化的角色与用户互动，这也是我们的核心优势。"目前，三只松鼠推出的新产品均以动物为基础元素，未来公司将会持续对有成长机会的品类进行品牌孵化和投资。

（2）体验营销。三只松鼠称顾客为"主人"以提高客户体验。其体验营销主要体现在线下门店的设立，至2021年底已开设1 065家线下门店。门店设计独特，以森林系主题打造，体验感十足，摆放巨型松鼠给顾客留下深刻的品牌印象。疫情对门店业务影响很大，2022年三只松鼠关闭了549家门店，新开45家，年底店铺总数为561家；至2023年上半年，线下门店数继续减少，剩下不足400家。三只松鼠有关负责人表示，将重新构建线下门店体系，对过去线下店铺进行集中优化，积极推动向社区零食店转型，缩短与消费者的距离，通过送货到家等交付模式扩大市场占有率。

（3）线上与线下融合发展。三只松鼠线下店及松鼠小镇游乐园为未来的IP战略奠定了基础。目前三只松鼠已经投入了大量的动漫、电影、影视剧等的拍摄，就是为了将IP形象完整化、生动现实化，从而实现IP带动产业，为未来商业扩张铺路。目前，三只松鼠的线上业务约占65%，而线下业务大致在35%左右。线上不仅仅是一个渠道，更多表现为实现用户互动、触达的平台；建立起品牌和产品认知度，再通过线下渠道布局，从而形成稳定的销售闭环，实现线上与线下融合发展。三只松鼠计划未来进入全国超100万个销售终端，并将全程贯穿三只松鼠品牌独特的"萌文化"，通过品牌IP推广而提高知名度，扩大市场占有率。

第四节 品牌建设主要经验

一、聚焦坚果品类

"三只松鼠"创始人章燎原进入休闲食品市场前调查发现，当时我国休闲食品主要有八类，即谷物膨化类、油炸果仁类、油炸薯类、油炸谷物类、非油炸果仁类、糖食类、肉禽鱼类、干制蔬菜类，其中大多数是油炸类食品，纯天然的坚果类休闲食品很少，于是章燎原选择坚果作为核心业务。由于聚焦单一坚果类品牌，三只松鼠构建起了自己的核心竞争力，在业内取得了绝对的领先地位，打造出了10亿元级大单品每日坚果，以及碧根果、夏威夷果、纸皮核桃、手剥巴旦木、腰果、开心果等多款亿元级大单品。

聚焦品类但不固守单一品类。三只松鼠在坚守坚果类这一基本盘的基础上，根据市场变化和消费者需求变化，实施适度多元化的多品类战略。三只松鼠的产品除了坚果类，还有干果类产品，如和田玉枣、黑加仑葡萄干；花茶类产品，如大麦茶、荷叶茶等。这种多元化产品组合可以帮助企业分散风险，降低对单一品类的依赖，获得新的利润增长点，实现可持续、更高质量的增长。

二、塑造 IP 形象

创始人章燎原曾公开表示，三只松鼠成功的重要原因之一是其强 IP 品牌属性，IP 是三只松鼠的重要资产。他提到，"三只松鼠"是企业独有 IP，它是一种人格化的表达，代表着品牌力。

拟人化的三只卡通松鼠，频繁出现在各种影视剧，特别是三只松鼠为主角的动画片之中。资料显示，至2021年三只松鼠天猫旗舰店粉丝已突破4 501万，成为天猫首个粉丝突破千万的品牌，由 IP 延伸出的三只松鼠动画累计播放25亿次，子品牌小鹿蓝蓝动画累计播放3 000万次，三只松鼠相关视频播放35亿次；松鼠小镇年累计游客180万人次，让50万家庭享受到"三只小松鼠"带来的欢乐。

三、善用情感营销

品牌核心价值的构成包括品牌的功能性价值与情感性价值两部分，随着竞争的白热化和产品的同质化，企业产品的物质化功能已经不存在多大的差异。着力用情感把品牌率先印入消费者脑中，在消费者心中占据一席之地，成为企业越来越重要的营销策略。三只松鼠着力打造传达自己的松鼠文化，无论是产品介绍页的第一页，还是包裹箱、果壳袋、服务卡片上的信息、附赠的卡包、手机饰品、员工的工作环境等各个场合与细节无一不流淌着松鼠文化的气息：快乐可爱，绿色天然，关爱环境。

三只松鼠着力于互动，将品牌立体形象化。三只松鼠的客服化身为鼠小弟的形象，称呼每一位顾客为"主人"，从客服到售后，将"松鼠"品牌立体化，带给顾客一次完整的"主人与松鼠"的购物体验。其动漫化的形象将客服与顾客的关系演化成宠物与主人的关系，拟人化沟通让顾客觉得更可爱、更被尊重，增添了品牌的独特性、趣味性、互动性。三只松鼠利用各大社交平台让消费者与品牌更好地进行沟通互动分享。

归纳起来，三只松鼠的情感营销表现在两个方面：提供情感产品——最大限度保证新鲜低价安全；提供情感服务——超出预期的细节服务。

四、积极利用互联网媒体和平台营销

三只松鼠将大部分资金投入互联网媒体广告和营销活动中，从而快速提高品牌知名度，扩大网店销售额。三只松鼠主要是在淘宝、天猫、京东等平台投入巨大的广告费用，通过大量曝光迅速建立品牌认知。这是很多互联网品牌营销费用巨大、起步亏损的主要原因，因为他们用金钱购买曝光率。

网店是三只松鼠的主要销售渠道。三只松鼠不仅在天猫、京东、拼多多、抖音、唯品会等平台开设零售为主的 B2C 类型店铺，还在京东自营、天猫超市、零售通、1688、新通路等平台开设分销、批发为主要交易的 B2B 类型店铺。这种多渠道覆盖使得三只松鼠能够撬动平台资源和互联网流量，快速扩大销售。

五、"品牌打造+供应链管理"经营模式

三只松鼠的经营模式是"品牌打造+供应链管理"。三只松鼠自创立起，就一直重视品牌打造。当三只松鼠品牌知名度迅速提高并稳定下来之后，就开始重视产品供应链管理。三只松鼠前端供货商主要采取"代工贴牌"模式，即由三只松鼠公司提供包装设计图样和标签，委托生产厂家代加工，再将代加工的产品纳入三只松鼠销售体系进行销售。这种代加工模式比较适用于休闲零食品类，可

以减少资本投入和风险，实现快速发展。

三只松鼠供应链后端，主要是通过建立经销商代理和加盟模式，从而进一步利用轻资产模式扩大线下渠道规模。这样做可以降低直营门店的资金和管理成本，提高经营效率。

为了提高供应链生产能力，三只松鼠也开始适当投资建设自己的工厂，实现供应链的垂直整合。三只松鼠正在探索从"代工贴牌"的轻资产模式向联盟工厂模式转变。其已在芜湖市投资 20.6 亿元建设健康食品联盟工厂，分二期建设，一期新增 11 家食品联盟企业，二期新增 25 家食品联盟企业。在联盟工厂模式下，工厂负责加工，原料、研发由三只松鼠控制和牵头，重构供应链护城河，打通新的基础设施，实现制造、零售一体化。

三只松鼠利用"互联网＋"技术将消费者、供应商和决策者联系起来，并通过大数据技术准确掌握生产、销售、运输的每一个环节，监控每个销售出去的产品的产地、加工、质检过程，从而严格控制产品和服务的质量，使得"一切以用户为中心"的极致消费体验能更有效落实。

参考文献

[1] 章燎原. 三只松鼠营收超百亿的背后：销售收入不增长利润增长是害人的 [J]. 中国商人，2020（9）：74，75 - 79.

[2] 倪徐冰. 三只松鼠营销策略研究 [J]. 老字号品牌营销，2020（8）：12 - 13.

[3] 林翠萍. 三只松鼠：坚果帝国的成长之路 [J]. 人民周刊，2019（18）：40 - 41.

[4] 龙斌. "三只松鼠"燎原记 [J]. 全球商业经典，2019（9）：128 - 131.

[5] 武亮. 基于"互联网＋"的网络品牌创新研究：三只松鼠的经验启示 [J]. 渤海大学学报（哲学社会科学版），2019（5）：89 - 94.

[6] 张明月. "线上线下"结合销售的营销方式与问题研究：以三只松鼠股份有限公司为例 [J]. 山西农经，2019（13）：21 - 22.

[7] 丁毓. 三只松鼠：小零食的大买卖 [J]. 上海信息化，2019（8）：76 - 78.

[8] 徐硕. 三只松鼠冲出重围 [J]. 中国企业家，2019（8）：78 - 81.

[9] 王凯旋. 坚果类农产品"三只松鼠"品牌推广研究 [J]. 安徽农学通报，2019（11）：6 - 8.

［10］赵正. 三只松鼠食安问题频现 "卖萌" 背后遭遇成长烦恼 ［J］. 商学院，2019（5）：28 – 31.

［11］柳冰芬，柳素芬. 三只松鼠：萌文化下的体验营销 ［J］. 戏剧之家，2019（15）：225 – 226.

［12］曹钰青. 电商 "三只松鼠" 的品牌营销策略 ［J］. 品牌研究，2019（1）：17，19.

［13］梁周倩. 章燎原和他的 "三只松鼠" ［J］. 农产品市场周刊，2018（38）：42 – 43.

［14］周洁，陈雅婷. 三只松鼠体验营销策略分析 ［J］. 中外企业家，2018（17）：203 – 204.

［15］常皖娟. "三只松鼠" 品牌形象动漫化设计研究 ［D］. 芜湖：安徽工程大学，2018.

［16］方圆. 电商品牌 "三只松鼠" 吉祥物设计及应用解读 ［J］. 大众文艺，2018（10）：120 – 121.

［17］黄天鸿. 三只松鼠：同名动画片打造娱乐化 IP ［J］. 销售与市场（管理版），2018（6）：193.

［18］郑刚，郑青青. 三只松鼠：如何凭借创新异军突起？［J］. 清华管理评论，2017（6）：106 – 112.

［19］陆俊月. B2C 电子商务企业网络营销与销售的整合研究：以三只松鼠为例 ［J］. 市场周刊（理论研究），2017（10）：59 – 61.

［20］周樱佬. "超出预期" 的 "三只松鼠" ［J］. 企业管理，2014（4）：52 – 54.

［21］三只松鼠官方网站. http：//www. 3songshu. com/.

［22］汤垒. 三只松鼠赚钱模式分析：代工 + 品牌营销的成功与改进之路 ［EB/OL］. https：//zhuanlan. zhihu. com/p/633636874.

第六章
电商休闲食品类畅销品牌——良品铺子

案例简介

良品铺子创立于 2006 年，总部设在湖北省武汉市，专注于从全球 30 多个国家、地区优选好原料，为消费者提供高端零食。目前，集团已形成覆盖肉类零食、坚果炒货、糖果糕点、果干果脯、素食山珍等多个品类，1 400 余种的产品组合，能有效满足不同消费者群体在不同场景下的多元化休闲食品需求，其销售额连续 6 年在高端零食终端市场居全国前列。

良品铺子遵循"卖好产品的店铺"的基本理念，由线下经营连锁门店起步，之后开拓线上电商渠道，现已拥有线上线下结构均衡、高度融合的全渠道销售网络。2020 年 2 月 24 日，良品铺子在上海证券交易所正式挂牌上市，股票代码603 719，是 A 股历史上首家"云上市"的企业，也是中国 A 股市场"高端零食第一股"。2022 年，良品铺子营业总收入达 94.4 亿元，净利润 3.36 亿元。其线下门店数达 3 200 余家，线上覆盖全网络营销，已实现线上线下全渠道经营。

良品铺子非常注重新产品开发，其多种产品连续多年获"世界品质品鉴大会奖"和"顶级美味大奖"等国际性奖项。2023 年 6 月荣获由《南方都市报》等单位颁发的"2023 高品质消费品牌百强"证书。2023 年 12 月入选由农民日报社等单位评选的"中国农业企业 500 强"榜单，排名第 124 位，在全品类休闲零食领域中居首位。

第一节 品牌产生背景及发展情况

一、品牌产生背景

品牌创始人杨红春于 1973 年出生在湖北省荆州市。

1997 年，杨红春大学毕业，他没有像室友一样选择回老家工作，而是只身南下进入广东顺德的科龙电器打工。他入职后先是做车间的质检员，这份工作不仅累，而且十分烦琐，但杨红春没有怨言，而是认真干好这份工作。由于杨红春的业绩不断增长，能力得到了公司高层的认可，其职位一路高升。2000 年，杨红春被委以重任，担任科龙电器广西分公司销售部总经理，年薪达到 30 万元，成了很多年轻人向往的目标。

2004 年，杨红春结识了乐百氏集团原董事长何伯权。在喝茶闲聊中，何伯权无意中说了一句话："我觉得把全世界的零食搬到顾客家门口这个事，可以把小生意做成大事。"杨红春敏感地意识到这或许是一个好机会，他把这个想法藏在自己心里。

2005 年，科龙电器被海信收购，杨红春作为前朝旧臣前途未卜，但与何伯权交谈而产生的开零食铺子的构想一直萦绕在他心头。最终，杨红春下定决心从科龙电器辞职，踏上了创业的旅程。

杨红春进行了长达一年的产品调研和企业考察，前前后后总共考察了 3 000 多家零食店，光是差旅费就花了上 10 万元。最终敲定了大理话梅、临安核桃、琼海芒果干等 50 多种别具特色的零食，准备开设一家专营零食的门店。由于杨红春将所有存款都花在了差旅费和选购零食上，开店铺的资金不足。无奈之下，他只好卖掉广东的一套房产，将所得 60 万元全部用于开店经营。

要开店，就必须给店铺取一个好店名。2006 年 4 月，杨红春和他的合作伙伴张国强动员了所有能联系上的朋友、老同事和同学，让大家出谋划策，给他们的店铺取名。一周的时间就收集了 300 多个名字，最后，决定选择"良品铺子"四个字作为品牌名。为什么选择"良品铺子"这个名称呢？杨红春解释道：既然是做食品的，就要凭良心，食品安全最重要；休闲食品通俗讲就是零食，吃零食最重要的不是便宜和量多，而是吃得好，吃得乐，吃得有品位，是享受生活，所以，保证产品品质是这个店铺的核心理念；"铺子"是中国最原始的商业形态，是最让消费者感到亲切、自然、轻松的地方。"良品铺子"就是让大家感受到良心的品质，成为大家都喜欢的铺子。

2006年8月，第一家良品铺子在杨红春家乡武汉市开业，店铺面积还不足40平方米，位置在武汉国际广场。

二、品牌发展情况

良品铺子开业之初，为了吸引顾客，杨红春带领几个员工在门口吆喝，还搞起了免费试吃活动。经营了三个月，由于销售量增长不大，杨红春一算账，店铺亏损50多万元。杨红春心想，店铺处在武汉市中心的黄金地段，零食品类也很丰富，为什么就是没人买呢？

百思不得其解之下，杨红春请教畅销连锁店久久鸭的创始人顾清。顾清给出的回答一针见血："你这个良品铺子有什么当家产品吗？"

杨红春一听，恍然大悟。这看似琳琅满目的商品，还不如久久鸭的头牌鸭脖。原来消费者记得住的是你的"当家产品"。于是，杨红春开始搜寻当家产品，终于选定了一款"脆冬枣"，这种枣子口感脆甜，味道绝佳，很适宜作为良品铺子首款"当家产品"。一传十，十传百，良品铺子因有了当家产品"脆冬枣"，生意很快就火爆了起来。之后，杨红春不断增加当家产品和优质产品，并引入信息管理系统，良品铺子连锁门店越开越多。

良品铺子开设第一家店铺不到两年时间，至2008年店铺数就已达到100家。2012年店铺数已达到1 000家，同年良品铺子开始布局电子商务，入驻天猫、京东、1号店等平台，公司发展驶入快车道。良品铺子的销售额从2012年的1 200万元迅速增加到2013年的2 800万元，2014年突破4亿元。至2020年，良品铺子的线上营业收入首次超过线下营业收入。2021年良品铺子线上收入为48.6亿元，占比为53.13%，较同期增长21.42%；线下收入为42.8亿元，占比为46.87%，较同期增长16.31%。2022年营业收入为94.40亿元，比上一年增加1.24%，线上收入仍保持大于线下收入的发展态势。

良品铺子品牌发展过程中的重要时期和事件：

（1）2006年8月，第一家良品铺子在武汉市开业。

（2）2017年，被天下网商评为"2017新网商品牌大奖"。同年，入选第十届中国高成长连锁行业峰会高成长连锁50强。

（3）2018 年 1 月，良品铺子在电视剧《恋爱先生》中植入广告。同年，荣获"国家电子商务示范企业"称号；获得中国连锁经营协会颁发的"金百合连锁品牌—最具人气奖"。

（4）2019 年 3 月，良品铺子入围世界食品创新大奖——"最佳食品概念奖"。同年 6 月，在世界顶级美味大奖颁奖典礼上荣获 1 项三星奖、2 项二星奖、5 项一星奖。同年底，良品铺子门店数量超过 2 000 家。

（5）2020 年 2 月 24 日，良品铺子成功在上海证券交易所挂牌上市，成为"高端零食第一股"。同年，良品铺子 36 款高端零食再揽 3 项国际大奖，其中 19 款产品获"世界品质品鉴大会奖"，13 款产品获"顶级美味大奖（Superior Taste Award）"，4 款产品获"世界食品创新"入围奖。同年，新冠疫情暴发，良品铺子先后捐赠 2.8 万箱食品及部分紧急医疗物资，合计总价值超过 900 万元。

（6）2021 年，在艾媒金榜（iiMedia Ranking）发布的 2021 年中国新春零食礼包礼盒品牌线上发展排行榜单和 2021 年中国坚果零食品牌排行榜中，良品铺子分别排名第 2 位、第 3 位。

（7）2022 年 3 月，良品铺子 8 款零食获得国际风味评鉴所 2022 年"顶级美味大奖"，其中四款产品获得最高产品奖三星奖；一款产品获得两星奖；三款产品获得一星奖。同年，良品铺子参与完成的《传统果干蜜饯现代化加工关键技术及产业化》项目科研成果荣获神农中华农业科技奖二等奖。

（8）2023 年 6 月，有着全球食品界"奥斯卡"之称的国际美味奖获奖名单公布，良品铺子旗下 16 款产品斩获殊荣，其中 8 款产品获得最高奖项三星奖。同年 6 月，良品铺子荣获由《南方都市报》等单位颁发的"2023 高品质消费品牌百强"证书。同年 12 月，在农民日报社等单位评选的"中国农业企业 500 强"榜单中排名第 124 位，在全品类休闲零食领域位居首位。

第二节　品牌标识与市场定位

一、品牌命名与标识

良品铺子的命名简明扼要，就是"卖好产品的店铺"。其品牌标识图形（见图 6 – 1）以"良"字作为创意原点，借用了中国传统印章的表现手法，隐喻良心品质，简洁有力地表达了良品铺子对于品质的信心和承诺。"良"字的下半部分削减笔画，被特意处理成一个垂直翻转的"√"符号，寓意百里挑一。极具视觉识别度的"良印"象征着良品铺子坚持不变的品质初心。

图 6 - 1　良品铺子品牌 LOGO

良品铺子 LOGO 自公开以来，曾多次进行调整和升级（见图 6 - 2）。2006 年首次启用吉祥物"良品妹妹"，一直到 2012 年未变，成为品牌不可或缺的视觉符号。2013 年在卡通人物背后增加了红色圆形背景，对"良品铺子"的字体也作了调整，并将英文"BESTORE"改为"全球华人零食连锁"。从 2014 年开始，良品铺子 LOGO 又作了简化处理，移除了卡通人物，单独呈现品牌名，不过当时，很多门店还是使用卡通人物和字体的组合形式的 LOGO。

| 2006年 | 2013年 | 2014年 | 2018年 |

图 6 - 2　良品铺子 LOGO 演变

2018 年 8 月 27 日，良品铺子举行 12 周年品牌形象升级盛典，宣布启用全新品牌 LOGO。沿用多年的"良品妹妹"卡通人物不再出现在品牌 LOGO 中，取而代之的是一个极其简约的"良印"红色图形。字体部分则在原 LOGO 的基础上进行提升，扶正字体，稳定字形结构。

此次品牌 LOGO 设计由 landor（朗涛）负责完成。"良"字采用了削减笔画的表现形式，去掉了左侧的一竖及下半部分的一撇一捺，取而代之的是下方类似"倒对勾"形状的线条符号（见图6-3）。

良印（字）　　　　　　　　良印（勾）

图6-3　良品铺子 LOGO 中"良"字的设计

"良"的每笔都是同等宽度，表达简洁而有力量；横向平行的设计，实现平滑的视线流动；上窄下宽的字形结构，带来稳定的信赖感；四边圆角方形描绘轮廓，形成适当的比例与空间。

主标识"良印"从中国传统的篆刻艺术中汲取灵感，寓意着回归创业初心、坚持"百里挑一"的品质理念；更以独一无二的"良品红"演绎新的品牌形象——年轻时尚、具有国际范儿的生活方式倡导者。

自2018年开始，良品铺子连锁店门上方装潢统一采用新的品牌 LOGO。

二、市场定位

1. 品牌核心价值

良品铺子的核心价值在创立时就已确定："良心的品质，大家的铺子。"良品铺子品牌价值体现在三个重要方面：追求高质量的产品标准，重点关注细分人群的健康营养，符合消费者生活场景的需要。

2. 品牌产品主要特点

（1）全品类零食。其产品涵盖坚果炒货、糖果糕点、海味素食、肉类速食、饼干面包、糖巧饮料等15个品类。主要畅销产品有：脆冬枣、猪肉脯、良品梅饼、东北红松子、海带结、山楂棒等。

（2）高品质零食。每一种零食的原料都经过精心挑选，保证产品品质。

（3）高端零食。由于品质有保障，其价格比一般同类产品要高，即为优质优价零食。

3. 市场定位策略

良品铺子的市场定位为高端零食；意欲打造"时尚美食潮流基地、时尚休闲购物目的地"。其核心消费群体是 16～25 岁的女性，次级核心消费群体是 26～45 岁的女性，边缘目标群体是男性。良品铺子通过汇聚地方特产，在塑造时尚消费体验的过程中吸引更多年轻消费者的注意力，将品牌理念融入消费者日常生活，将店铺塑造成时尚美食休闲场所，从而实现从线下走到线上的零食新零售，领先零食市场的消费潮流。

第三节　品牌营销策略

一、主要营销策略

1. 连锁店营销

至 2022 年底，良品铺子线下门店数量达到 3 226 家，覆盖 23 个省份 181 个城市。连锁店营销模式是一种成熟的零售模式，其优点是统一规划，降低促销成本；集中采购，降低采购成本；有利于资源整合，产生连带效应；作业系统与服务品质一致化、标准化，有利于品牌营销。

2023 年上半年，良品铺子全国扩张进程提速，并聚焦湖北、广东、四川等核心区域，期末门店数达到 3 299 家，遍布全国 23 个省（自治区、直辖市）的近 200 个城市。

良品铺子做的不只是门店数量扩张，也积极探索门店升级改造和开设新型店铺，如在第六代新店型中，良品铺子试点经营咖啡、烘焙、短保等产品，不仅带动单量和销售额增长，更满足了用户"产品更丰富、逛店体验更佳"的需求。

2. 无人智能售货柜营销

2017 年良品铺子开始尝试在武汉一些写字楼里开展无人智能售货柜营销。试验取得较好效果后，2018 年便开始在武汉一些重要的消费场景，如写字楼、大型商场、地铁站等设置无人智能售货柜，消费者可以扫码购买商品，并用手机完成支付。2019 年，良品铺子与京品科技签约，订购 10 万台无人智能售货柜。

从外形上看，无人智能售货柜与超市里放饮品的冰柜相似。货柜内陈列的不仅有良品铺子的零食及组合包，还有其他品牌的饮料和食品。要想打开柜门，顾客需先使用支付宝扫码，开通小额免密功能并授权。只要不关闭柜门，顾客都可以随意取出商品。如果顾客将选中的商品取出，并关闭了柜门，支付宝立即就会对所选商品进行自动结算，无需顾客另行操作支付。公司副总裁赵刚透露，良品铺子已踏足无人智能柜领域，目标是把门店与顾客的距离从 300 米缩短至 15 米。

良品铺子下一步计划将在无人智能售货柜上装载 LED 屏，承接品牌宣传功能，同时可以应客户要求定制柜型、外观等。软化的营销、链路的深化都有望成为良品铺子无人智能售货柜的新盈利点。

3. 礼盒营销

"过节送礼送良品"，这是良品铺子礼盒的广告语。各种重要节日来临时，良品铺子都会适时推出礼盒，特别是春节礼盒非常畅销（见图 6-4）。

图 6-4 良品铺子的节日礼盒

良品铺子对礼盒包装设计非常用心，如良品铺子"拾贰经典"礼盒设计出自全球三大设计奖大满贯得主、潘虎包装设计实验室首席设计师潘虎之手，获得了有"设计界奥斯卡"之称的德国 iF 设计奖；这款礼盒以宫廷御膳食盒为灵感设计，巧妙融入了敦煌壁画中"四海求凰"元素，以东方文化传递美好祝福（见图 6-5）。这一礼盒是良品铺子中价格档次最高的产品，也是消费者送礼的优选产品。

图 6-5　良品铺子拾贰经典礼盒

4. 多类型网络营销

良品铺子已在京东、天猫、微信商城等第三方电商平台上开设了专营店，还在微博、微信、QQ 空间、抖音等平台销售商品。

良品铺子还与饿了么、美团等平台合作，顾客在平台上选择就近门店下单后，一般在当天就能收到产品，速度比传统电商平台更快。

此外，良品铺子推出了手机 App、自营 O2O 平台，实现多种渠道的融合销售。消费者在 App 上下单，可以选择到店自提、同城配送和快递到家等不同方式。

5. 名人品牌代言

良品铺子在 2011 年开始进军互联网，为快速增加流量，开始邀请明星代言，并高调宣布其"高端零食"的布局战略。2015 年 8 月签约当红影视明星黄晓明担任品牌代言人，所代言的良品铺子"芒果干"等成为畅销品。之后，又陆续签约著名演员、歌手等。2021 年 12 月，签约青年演员彭昱畅连续两年担任品牌大使暨新年新选官，主推春节礼盒。彭昱畅温情演绎的 2022 年新春贺岁广告片《良品上桌就是年》在全网同步上线，团圆欢聚的节日，赏味良品铺子美味坚果的欢聚场景以及"买年货就到良品铺子"的广告语无形中植入受众心灵。

良品铺子绑定人气明星、主打年轻人的零食营销战略，收到了显著成效。数据显示，良品铺子线上销售额从 2012 年的 1 500 万元上升到 2017 年的 22.7 亿元，又上升到 2021 年的 48.6 亿元，线上与线下合计总收入达到 91.4 亿元。2022 年虽然仍处于新冠疫情严管期间，线上与线下合计总收入比上一年增加 1.24%，达到 94.4 亿元。

6. 影视植入广告

早在 2017 年，良品铺子就借势《欢乐颂2》进入影视植入赛道。从那时起，良品铺子基本上保持每年植入 15 部影视剧左右的节奏。

按照良品铺子品牌中心有关负责人的说法，公司最看重"内容力"，选剧品质至上、不拘类型，"只要是内容好、质感强的作品，每一种题材类型良品铺子都可以选择"。他认为，"每部剧中人物情感的高光时刻都有良品铺子陪伴，我们想借由这样的情绪场景，让观众感受到品牌的温度"。

以 2020 年为例，良品铺子与 13 部影视作品展开合作，包括《安家》《有翡》《正青春》《流金岁月》《沉默的真相》。有业内人士戏言，2020 年"半个娱乐圈都在种草良品铺子"。

在品牌形象提升上，良品铺子敢于大额投入大型综艺节目，比如在《爸爸去哪儿3》，良品铺子花费 2 亿元植入品牌。财报显示，良品铺子的营销费用于 2021 和 2022 年都超过 15 亿元，其中广告宣传费用超过 6 亿元，但实际上所带来的营收增速并不显著。如何在广告宣传投入和增加销量之间寻找平衡点，良品铺子尚在探索实践中。

7. 全渠道营销

良品铺子实行线上与线下全渠道营销。主要分以下四个步骤进行：

第一步是电商化。电商化的核心不在于是否建立自有的线上平台，而是在于提高电商业务的运营能力，在内部植入互联网化的运营思维，推动所有部门及员工接受互联网及电商的新思路。

第二步是社交化。就是通过现场试吃网上下单，赠送卡券、优惠券等，在社交媒体上与顾客互动，线上及时回复顾客问题，不断吸引顾客访问网店，从而让更多的顾客沟通与服务实现网络在线化。

第三步是本地化。把线上营销工作做好之后，再以门店为核心推进类似外卖之类的线上业务，店员借此可以自然地接受互联网模式，门店可以借助外卖等形式提升销量，业务幅射半径也可以扩大到更广阔的区域。

第四步是门店互联网化。这是良品铺子所要实现的终极目标，即让门店所有的运行变成互联网化运行。

良品铺子大致因循着这样的路径，一步步走到今天，才形成门店互联网化的基础，并随着内外部环境变化而不断完善。

8. 大数据营销

良品铺子现有3 000多家门店，线上销售量也长期保持在头部阵营，因此，其可取得的数据体量巨大，可满足大数据分析的先决条件。对线上线下渠道反馈回来的大量信息进行大数据分析，可为公司调整营销策略提供有效指导。同时，良品铺子还从社交媒体渠道反馈的信息中挖掘市场热点需求，有针对性地进行新产品开发和营销活动。

二、不同发展阶段营销策略

1. 市场导入期

这一时期从2006年第一家"良品铺子"门店开业起，到2012年良品铺子成立电商公司开展线上营销为止。这一时期主要以线下营销为主。良品铺子早期由于产品品质好和产品种类较丰富而传播了口碑，再通过发传单、免费试吃、价格优惠策略等扩大用户群体，并通过增开门店的方式，使品牌影响力逐渐扩大，营业收入随之增加。开业第二年即2007年，门店数增加到28家。2008年，其第一个外省门店在湖南长沙落地，同年底门店数已达到100家。

2010年12月，今日资本以5 100万元、约占30%的股份入股良品铺子，同时引入了门店信息化管理系统，实现了所有门店在商品、价格、订单上的统一管理，大大提高了管理效率。至2012年底，良品铺子的门店数已突破1 000家。

2. 快速发展期

这一时期是从开展线上营销起，到2020年2月良品铺子在上海证券交易所上市为止。互联网技术的发展带来了信息革命，对传统商业模式产生很大影响。创始人杨红春抓住了这一机遇，开始了线上销售，并积极探索线上线下融合发展。

2012年，良品铺子开始将公司主要人力转移到线上营销上，陆续开辟天猫、京东等几十个线上电商渠道。2013年开始上线网页商城、微信商城等。2013至2016年四年间，良品铺子线上销售额实现爆发式增长，2012年线上销售额为1 500万元，2014年达到4.2亿元，到2016年就突破了20亿元，线上销售额占营业总收入30%以上。

线上销售带动线下门店销售，至 2019 年，良品铺子的营业总收入达到 77.15 亿元，其中约 50% 来自线上销售。

3. 稳定发展期

这一时期是从良品铺子在上海证券交易所挂牌上市至今。

近年的技术发展及新的营销方法的转变，为线上营销提供了新机遇。良品铺子通过应用数字化精准营销，全面开启直播内容营销。2020 年，良品铺子直播带货收入就达到了 5.71 亿元。2020 年底创始人杨红春以 75 亿元人民币财富位列《2020 年胡润百富榜》第 774 位。

通过线上销售带动线下销售，新冠疫情防控期间良品铺子的营业收入不减反增。2020 年营业总收入 78.94 亿元，比 2019 年增长 2.32%；2021 年为 93.24 亿元，比 2020 年增长 18.11%；2022 年为 94.40 亿元，比 2021 年增长 1.24%；三年合计营业总收入比 2019 年增长 22.36%，其中线上销售收入超过 50%。

良品铺子称，从 2023 年开始，线下新开门店的节奏会放缓，将加大力度发展线上业务，如抖音、拼多多等平台营销，并把主要线上精力往年轻人更多的地方进行转移。

第四节 品牌建设主要经验

一、精心塑造品牌

从"良品铺子"名称的征集筛选，到品牌标识的设计，连锁门店的统一装潢，产品质量的严格把关，传统媒体和新媒体的广泛宣传，都体现出良品铺子对品牌形象塑造的匠心，不断提高品牌知名度和顾客忠诚度。例如近两年火爆的良品铺子的"良品金选礼盒"，是与敦煌博物馆联名打造的，其包装盒采用铝箔烫金工艺、凹凸的纹理雕刻制作而成，成为春节走亲访友时的精选好礼。又如聘请著名设计大师潘虎精心打造的"拾贰经典"高端年货礼盒，将皇宫御用品的尊贵形象与良品铺子的"高端零食"巧妙结合，凸显"良品铺子"的高品质、高档次形象。良品铺子还经常投资火爆的大型综艺节目和电视剧等，进行品牌宣传推广。

二、狠抓产品品质与新产品开发

为了开发出好产品，良品铺子专门成立了食品健康营养研究院，通过对市场消费者行为数据分析，把握新产品开发方向，并保证所遴选的和新开发的食品的营养性、适口性。在良品铺子看来，零食生意的根本在于"做出一个好产品"，从而赢得消费者信赖和持续购买，进而使消费者建立起对品牌的忠诚。如"高蛋白肉脯"，研发时间长达五年，采用新式加工工艺，原材料选取三元猪后腿最有嚼劲的肉块，加工的肉片厚度精准到口感最好的 2.3 毫米左右，100 克肉脯片的蛋白质含量约等于 5 杯牛奶。这一产品已成为良品铺子吸引消费者的拳头产品。

良品铺子在产品研发上逐渐形成了自己的核心竞争力。这种竞争力主要体现在产品的标准化上。良品铺子为标准化付出了很大精力，零食行业第一家拥有通过中国合格评定国家认可委员会（CNAS）认证的品质检测中心的企业就是良品铺子。良品铺子零食的标准化生产路径是：先通过大量市场调研将产品配方研制好，然后拟订详尽的产品生产工艺手册和检验指标，再交付给工厂按照规格生产，之后再抽检，以确保产品质量。

三、线下与线上整合营销

良品铺子的成功可谓整合了门店、电商、第三方平台和移动端四大渠道，构建了以消费者为中心的业务生态体系。在这个生态中，无论线上线下还是移动端用户，都能从最便利的渠道以最快的速度享受到产品与服务，这种创新型营销生态，值得传统零售行业借鉴学习。

良品铺子的顾客可以通过任何一个渠道入口找到商品。不同的营销渠道能实现互补，交叉关联。线下实体门店为消费者提供了最真实的感受，消费者可通过嗅觉、触觉、视觉、味觉等最直接的感官体验来决定购买与否。而在一些偏远、实体店无法覆盖的地区，良品铺子又提供传统电商平台和社交电商平台，消费者可选择在手机上购买，1~4 天就能收到良品铺子的产品。

全渠道营销策略的实施解决了消费者在什么地方购买的问题，同时也最大程度上使消费者的购买方式多元化，为消费者提供了一个相对便利的消费环境。解决了消费者的购买问题之后，良品铺子就能将更多的精力放在新产品研发和生产上、品牌推广上，持续增强自身的竞争力。

良品铺子的门店互联网化构成其线上与线下全渠道营销系统，随着内外部环境变化而不断完善。

四、全产业链经营

良品铺子通过供应链管理，上溯到最上游的原材料，在种植端、养殖端联合生产企业进行管控，进而支撑产业链整合战略。全产业链的可追溯，保证了产品品质，并建立消费者的品牌忠诚。例如，良品铺子的松子采自东北红松树，品质标准非常严格，可做到完果率96%以上，开口率96%以上；大大超过目前行业完果率平均92%~93%，开口率平均93%的水平。

良品铺子经营者深知，一个产品代表一条产业链，一条产业链可以串联起一块产业区域。通过强大的市场观察力，良品铺子将数智化能力输出给链路上的第一、二产业相关主体，可以助推产品背后的产业区域升级，实现高质量协同发展，从而不断完善其产业链体系。

良品铺子在产业链管理中着重解决两个关键痛点：一是供应商管理系统；二是门店自动补货系统。这两个问题解决后，极大压缩了管理成本，进而优化了终端价格。

良品铺子通过各个链路深度融合，建立了强大的供应链体系，并将供应链上的积累，转化为自我革新的资源。在当下经济环境和消费需求变化的大背景下，良品铺子敢于向精益管理要效益，在供应链里"挤水分"，最终将产品价格调整到更符合消费者期望、更有竞争力的档位。

五、大数据管理

良品铺子建立了大数据分析团队，把线上与线下积累的消费者数据进一步收集加工，并通过线上电商数据、地图数据，建立线下选址模型，选择最具潜力、最有活力的门店地址和销售策略，提升门店拓展的效率。

为了解决消费端的个性化需求，良品铺子借助技术支持系统做了两件事：一是通过抓取大量评论数据，分析用户最新的产品喜好，做产品品类的更新；二是针对现有产品的改良。良品铺子会将大量已经上线产品的评论抓取下来，将数据分析结论拿到商品部门分析，如果70%以上消费者认为这个产品口味有问题，那就回溯到产品端，作相应调整，直至让绝大多数消费者满意为止。

此外，良品铺子也会利用线下场景收集消费者的评价建议，比如定期举办消费者试吃会，将从全球采购的产品，包括很多未上架的产品，交给消费者测评，再根据数据来做选择。

良品铺子通过互联网化和数据化工具，能迅速地识别顾客，知道其喜好，从而做针对性的推介。如其应用的顾客在线自动应答服务系统，面对顾客不是说"您需要什么？"而是说"您上次想买的芝士味的腰果已经到货，您是否要选点？"问答方式会根据不同类型顾客发生改变，既提高了效率，又可以做个性化服务。

良品铺子建立了主仓—分仓—店仓三级运营管理机制。一个门店库存有限，不可能满足周边用户的所有需求，良品铺子以门店为核心打通了O2O业务，通过各大外卖平台以及天猫极速达功能，在门店实现线上订单—线下门店送货外卖业务。比如一个客户下了订单，门店会自动计算库存，若无法满足，它会借助信息系统做新一轮匹配，在后台从有货的门店迅速调配货物，期间消费者根本感受不到调配的过程，而只感受到下单立刻成交。这就实现了线上线下数据资料共享，货物高效分配运输。

对良品铺子而言，数智化供应链不仅是一种生产和物流的组织方式，更是一种面向未来、与时俱进的战略选择。

参考文献

［1］良品铺子解密"新零售"构建零食王国数据生态圈［EB/OL］. https：//www. sohu. com/a/215520573_ 120702.

［2］叶碧华，陈晓琪. 良品铺子签约顶级"美味顾问团"推动中国味道出海［EB/OL］. https：//www. 517lppz. com/news/media/822. html.

［3］良品铺子起草中国首个儿童零食标准［EB/OL］. http：//hb. people. com. cn/GB/n2/2020/0518/c194063 – 34025733. html.

［4］营销枢纽云. 新零售创新思维与工具的应用策略：良品铺子的经验分享［EB/OL］. https：//ltd. com/article/5369905080994005.

［5］新零售下的良品铺子：60亿元年收入的秘密［EB/OL］. http：//www. sohu. com/a/190420933_ 505797.

［6］良品铺子优化"三链同构"，深度融合发展［EB/OL］. http：//www. 163. com/dy/article/ILMU53S70552H092. html.

［7］百度百科. 良品铺子［EB/OL］. https：//baike. baidu. com/item/良品铺子/23165779？fr = ge_ ala.

［8］良品铺子官方网站. https：//www. 517lppz. com/.

第七章
国内首家有机食品电商品牌——沱沱工社

│ 案例简介

沱沱工社属于九城集团旗下的电商品牌，于 2008 年上线试运行，2010 年 3 月正式上线，经营模式是 B2C，2015 年又增加 B2B 电商业务，是国内第一批进入生鲜电商领域的企业。沱沱工社的价值理念是"敬天爱人"，致力于做最受消费者信赖的"有机、天然、高品质"生鲜食品服务商。其品牌发展秉持这一核心价值理念，坚持供应链全程透明，实行从田间到餐桌的全程冷链物流。

沱沱工社自建有近万平方米集冷藏、冷冻库和加工车间为一体的现代化仓储配送物流中心，采用冷链物流到家的配送运作模式，将新鲜的食品精准交付给消费者。沱沱工社主要满足北京、上海等一线城市的中高端消费者对安全食品的需求，并与一些企事业单位、学校建立了长期生鲜农产品供应的合作关系，同时与山姆、盒马、京东等多家大型零售企业开展合作，形成了农业生产基地与知名销售渠道的无缝对接，联手打造"农超对接"平台。目前，沱沱工社在国内不同纬度和气候带先后建立了 4 家自有农场和 10 多家合作农场，每年向消费者提供1.8 万吨以上生鲜有机蔬菜及其他有机食品。

沱沱工社多次被中央电视台新闻频道、北京电视台、大型平面媒体杂志采访报道；曾先后获得"最受北京市民喜爱的十大农业电商"，国际食品安全协会（GFSF）颁发的"食品安全社会贡献奖"，中国慈善家杂志社等单位颁发的"向善企业"荣誉称号。沱沱工社已成为中国知名的互联网生鲜有机食品品牌。

第一节 品牌产生背景及发展情况

一、品牌产生背景

沱沱工社的成立有一些偶然因素，或者更具体说，其成立是由于创始人董敏2008年在美国加州大学洛杉矶分校（UCLA）学习时受到了一个很大的刺激。董敏回忆说："2008年，我们国家发生了很多大事，比如举办北京奥运会、汶川地震以及三聚氰胺事件。当时UCLA的教授问我三聚氰胺是怎么回事，教授不明白企业怎么可以在孩子吃的东西里面放毒，那时候真的很无语，内心受到很大的冲击，我觉得我真的该做点什么。"正是这个刺激，让董敏下定了在有机农业领域做一些事情的决心。

2009年，九城集团投资注册成立了北京沱沱工社生态农业股份有限公司，董敏任公司董事长，网上超市"沱沱工社"开始试运营，成为中国第一批专营生鲜有机农产品的电商网站。沱沱工社借助九城集团的经济实力，整合了全球食品行业优质的供应商资源，以有机农业为切入点，建立起从事"有机、天然、高品质"食品销售的垂直生鲜电商平台，希望能为更多的消费者提供安全的食品。

取名"沱沱"，即长江源头之一的沱沱河，寓意有机食品之源头。凡是在沱沱工社网站上售卖的食品都是可以追根溯源的，能找到该食品产地的源头，从而让消费者吃得放心；"工社"即用工匠精神打造有机农业。

二、品牌发展情况

沱沱工社自创立以来，一直都致力于有机农业，为消费者提供安全的有机食材。从商品组织、供应商评估到物流配送，沱沱工社确保每一样送达客户手中的食材都经过严格把关，保证产品质量。

作为曾经的生鲜电商排头兵，如今的沱沱工社颇有低调运作的态势。而在低调运作背后，实则也映射了沱沱工社对企业内部一系列运营模式的调整。沱沱工社的业务由B2C更多地转向B2B，即为大型超市等零售商提供高品质的食材。

沱沱工社品牌发展过程中的重要时期和事件：

（1）2008年，沱沱工社母公司九城集团在北京市平谷区马昌营镇租地1 050

亩，进军农业领域。

（2）2009 年 2 月 26 日，由九城集团投资，注册成立北京沱沱工社生态农业股份有限公司，注册资本 6 364 万元人民币，注册地为北京市平谷区中关村科技园区。

（3）2010 年 3 月，沱沱工社网上超市正式运营，主要销售自营农场的农产品。

（4）2012 年 12 月，沱沱工社注册用户已经达到 50 万，订单数实现 10 倍增长，客单价维持在 300 元左右。

（5）2013 年 5 月，推出沱沱工社 App。

（6）2015 年，沱沱工社转变经营战略，开始将大量的资金和人力投向生产端。

（7）2016 年 6 月 26 日，第五届食品安全峰会上，国际食品安全协会（GFSF）向沱沱工社董事长董敏女士颁发了"食品安全社会贡献奖"。

（8）2017 年 12 月，沱沱工社创始人董敏获北京电视台颁发的"最具影响力十大企业家"荣誉称号。

（9）2018 年 7 月，沱沱工社荣获"2018 年度中关村门头沟科技优秀人才企业"称号。同年，沱沱工社创始人兼董事长董敏为北京大学 EMBA 学员班作案例教学。

（10）2020 年 5 月，中央电视台《致富经》栏目记者走进沱沱工社，探寻坚守有机农业、不忘初心的沱沱工社背后的故事。同年 9 月 24 日，北京平谷区马昌营镇沱沱工社基地举办"2020 年中国农民丰收节"庆祝活动。

（11）2020—2022 年，新冠疫情期间，沱沱工社农场的工人们一直坚守在蔬菜基地内，每天加班加点下地采收，做到生产、防疫两不误，除了每天专门对园区进行消毒、对员工进行体温监测外，为保证市民能够吃上"放心菜"，农场工人们在包装生产过程中严格按标准戴口罩和手套。

（12）2021 年 2 月 5 日，农业农村部主管领导一行来到沱沱工社有机农场调研，对沱沱工社积极发展现代农业、有机蔬菜种植，特别是通过第一、二、三产业融合，促进当地生态农业发展，带动低收入农户增收的做法给予了充分肯定；并勉励沱沱工社继续在有机农业领域探索耕耘，取得更大成绩。

（13）2023 年 12 月，沱沱工社获"2023 向光奖 | 年度社会企业 TOP10"，并被授予"向善企业"荣誉称号。

第二节　品牌标识与市场定位

一、品牌命名与标识

"沱沱工社"品牌名中的"沱沱"源自沱沱河。沱沱河是中华民族母亲河长江的正源，它发源于唐古拉山脉主峰格拉丹冬西南侧姜根迪如雪山的冰川，代表高品质（纯净、源头、返璞归真）。沱沱工社取名于此，是指其提供的食材是纯净、返璞归真的，同时也意喻产品质量纯净、透明、可追溯。"工"代表世代相传的手工农业，呼吁回归农业生产的原始状态。"工"也是工匠的工，就是要用工匠精神做出好产品。"社"是指公司所追求的是建立一个消费者、生产商、服务商既相互信任又相互制约的安全社区。

沱沱工社 LOGO 如图 7-1 所示。图中右上角的两片绿叶代表绿色蔬菜等农产品，并高度凝练品牌理念和价值传递。"沱沱工社"4 个汉字采用涂鸦式手绘字体，表达纯洁、自然、活泼的意境。最下面是品牌网站域名。整个 LOGO 设计自然一体，给人亲切感。

图 7-1　沱沱工社 LOGO

沱沱工社的产品包装盒设计也表达了"有机食品"的品牌核心价值，如图 7-2 所示。

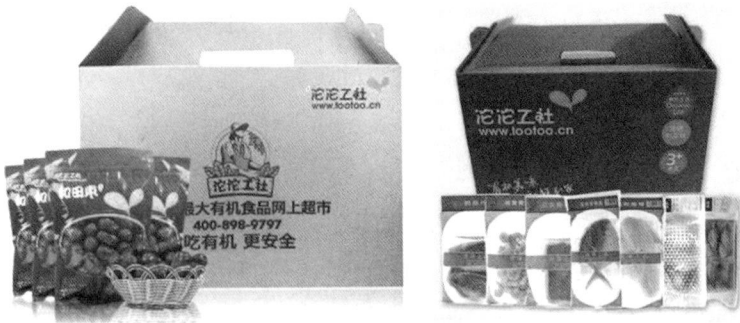

图 7-2　沱沱工社的产品包装盒

二、市场定位

1. 品牌核心价值

沱沱工社的核心价值理念是"敬天爱人",为消费者提供"有机、天然、高品质"的食品。其打造国内首个有机农业电商全产业链,确保每一样送达客户手中的食品都经过沱沱工社的层层把关。

2. 品牌产品主要特点

沱沱工社产品的主要特点是采用有机农业方式生产。产品包括蔬菜、水果、鲜肉、冷冻肉、牛奶、蛋类、海产品、粮油副食等 9 大类 300 个小类,近万种商品。

沱沱工社的产品分为自产和采购两部分。自产商品主要来自沱沱有机农场,采购主要来自一些品牌供应商。但无论是自产还是外采,沱沱工社都实行严格的产品检测标准。沱沱工社的自产产品在品控等多方面有着天然优势,更重要的是能够掌握产品定价权,便于打造在市场上具有竞争力的产品。另外,沱沱工社通过企业后台数据分析,能准确抓住消费者的需求,有效供给市场所需,避免盲目生产。

沱沱工社外部采购农产品,要求生产企业在整个生产过程中都必须严格遵循有机食品的生产技术标准,在生产过程中完全不使用农药、化肥、生长调节剂等化学物质,不使用转基因工程技术,同时还必须经过独立的有机食品认证机构全过程的质量控制和审查。

3. 市场定位策略

沱沱工社的目标顾客群为中高收入阶层、有机食品需求者,重点关注两大人群(精英和母婴)对于高品质食材的需求。例如,沱沱工社"筷子会"是一个由各行各业关注健康的企业家、社会精英组成的高级会员组织,沱沱工社为其打造高品质生活方式和圈层文化,在提供生态美食的同时,还提供极致的管家服务;"沱沱宝妈"是一个由追求安全食材、可承担高消费的怀孕、哺乳期妇女组成的会员组织,沱沱工社以多年来建立的最严苛的食品安全标准为该群体寻找、开发最好的食材,从而创造出一个母婴人群专属的互联网生鲜食材品类。

第三节　品牌营销策略

一、主要营销策略

1. 自建电商平台

沱沱工社主要通过自建电商平台，采用 B2C 电子商务模式销售有机食品。生产方面，在北京平谷马昌营镇租了 1 050 亩的农地，用最原始的方法耕种、饲养；销售方面，消费者登录沱沱工社官网挑选这些有机农作物，当日下单，次日沱沱工社将大清早收获的有机蔬果、生鲜肉蛋，用冷链物流配送给订货的客户。

沱沱工社在自有网站上以文字、图片、视频等方式发布产品信息，消费者可直接下单购买；也发布一些产地的市场信息、农产品生产企业的新闻，本企业经营活动最新动态等。

沱沱工社实际上采用的是 O2O 经营模式，即将线下交易活动与互联网结合在一起，让互联网成为线下交易的前台。简单来说，就是把线下实体农场的产品信息推送给网络上的客户，从而将目标客户转成线上会员，再转成实体消费。沱沱工社与一般的 B2C 网站不同，拥有自己的生产基地和合作农场。

2. 会员制营销

沱沱工社通过发展认同其有机食品理念的消费者成为会员，从而培育种子用户。通过种子用户的口碑宣传，以及体验活动、展销活动等方式，不断扩大沱沱工社的消费群体。

沱沱工社的会员主要有：最高端的筷子会员；次类的母婴类会员；三类的其他会员等。"筷子会"由企业主和企业高管组成，他们对有机食品非常认同。母婴类会员除了筷子会成员的妻子外，还有一部分是高收入女性。沱沱工社为这些核心会员提供贴心服务，让他们感觉到宾至如归。

3. 控制食品生产源头

为了给消费者提供真正的有机食品，沱沱工社建立初期就出巨资在北京平谷区马昌营镇投资建设了沱沱有机农场，通过集中生产和管理极大程度上保障了产品质量与食品安全，同时也降低了生鲜产品的基础成本。除了大部分食品自产外，还有部分来自外购，但都按照沱沱工社有机食品生产标准进行管控，从食品生产源头上保证品质要求，让消费者感到放心。

4. 实行全程冷链配送

为保证生鲜有机食品质量，沱沱工社建立了从田间到餐桌的全程冷链物流配送体系。目前，沱沱工社在全国建立了两个物流中心，分别位于北京、上海。物流中心下设有分拨中心，分拨中心的下一级设立了配送站点，配送站点根据客户密度设立，目的是缩小配送半径，更好地为客户提供服务。北京物流中心配送运作模式是：存储仓库自营管理，五环以内地区由沱沱工社自行配送，五环以外地区由第三方物流企业配送。上海物流中心配送运作模式是：仓库为沱沱工社自建与管理，商品配送业务则交由上海当地的冷链落地配送公司完成。

通过建立完备的冷链物流配送体系，沱沱工社根据网上客户订单，实行货物集中调配，做到统一标准化配送，从而在运输过程中大大降低了生鲜食品损耗，保障了产品品质，提升了配送效率，尽可能满足消费者网上购物体验。

5. 体验营销

为了让消费者能够真切地体验到有机食品，沱沱工社开展线下试吃，免费品尝，参观基地、农场等活动，从而打消消费者对产品品质和初期试销的顾虑。这种和消费者互动的方式能最大化地提升用户黏性。

沱沱工社经常组织顾客参观他们在北京平谷区投资兴建的有机农场。该农场占地面积1 050亩，包括90个温室和32个冷棚，常年提供黄瓜、番茄、圣女果、茄子、辣椒、圆椒、胡萝卜、红薯等各种蔬菜，还生态养殖了鸡、鸭、猪、羊等。顾客来到农场，首先到达沱沱有机农场接待中心，领取导游图，选择自己喜欢的体验项目。其中还有一项必选项目，即品尝农场各种有机食品。若顾客吃不够或想将食品带回去给亲朋好友，可现场直接购买；或网上订购，由沱沱工社自营配送中心送货上门。通过体验营销，沱沱工社稳定了老顾客并增加了新顾客。

6. 产业扶贫营销

沱沱工社创始人董敏说："有机农业是典型的'三好事业'，对环境好、对人好、对农业好，能够促进农业的可持续发展。"一路走来，沱沱工社的发展与精准扶贫、乡村振兴等国家战略紧密联系在一起，用产业扶贫等"授人以渔"的方式帮助很多贫困地区的人们脱贫致富。

"过去耕种一亩玉米地，农民们只能获得900元收入，现在他们可以选择把地租给沱沱工社，获得1 500元的租金。同时，他们还可以在农场工作，领取每月几千元的工资，沱沱工社按照产业工人的标准给他们交社保。"董敏说，截至

2022年5月底，沱沱工社农场员工中的当地贫困农户占比保持在40%以上。

除了直接吸收当地农民来沱沱工社农场工作外，沱沱工社还采用按质收购的订单农业模式，实施精准扶贫。甘肃省陇南市拥有得天独厚的地质条件，生产的橄榄油品质达到世界一流水平，却一直苦于"卖不出去"。当董敏第一次走进陇南大山，看到满山的橄榄树，"尝"过橄榄油的品质，当即定下了"原浆橄榄油扶贫计划"。沱沱工社至2022年5月累计支付收购资金已超过8亿多元，引导白龙江沿岸14个乡镇的6家合作社、167个行政村、24 520户农户种植橄榄树，带动区域18.6万亩油橄榄种植基地建设，带动帮扶解决了11万人口的就业问题，其中包括3 743户贫困户。这一计划的实施，不仅解决了当地农民生计问题，还保护了当地的生态环境，留住了青山绿水。

7. 利用"沱粉"营销

有机食品行业，一头连着农业生产，一头连着广大消费者，沱沱工社利用"沱粉"对品牌价值理念的认同，以消费拉动生产，从而实现产销对接。

《晋察冀日报》原社长邓拓之女邓小岚女士是资深的"沱粉"，她推荐沱沱工社来河北省阜平县马兰村考察当地"橡子黑猪"。由于交通不便，当地生态环境少有污染，尤其是散养的马兰橡子黑猪，符合有机标准；但由于资金和技术以及传播资源的匮乏，村民难以将这些生长在大自然环境的猪仔售卖出去。于是，沱沱工社启动了马兰村"橡子黑猪"生态循环养殖项目，并采用"沱粉"认领猪仔方式营销，一次性就成功认领了30余头猪。按照当地平均两头猪养活一家人的基数来计算，一次认购，沱沱工社帮助了近20家贫困农户解决了他们一年的生计问题，为"橡子黑猪"产品打开了销路，实现了对当地农民的扶贫增收。

2015年，资深"沱粉"、中国儿童戏剧先行者王淑琪在走访湘西时发现，李先生家世代种植卷丹百合，因其沿用传统晾晒方法生产的无硫百合外观较市面上用硫黄熏过的百合逊色不少，无人问津，导致李先生入不敷出，只好外出打工，三个女儿成为留守儿童，13岁的姐姐独自承担着所有家事。沱沱工社得知这一消息后，立刻发起了"百合助学"公益活动，五百多名"沱粉"参与其中，通过购买李先生家的无硫百合，仅48小时内就凑齐了三姐妹的学杂费及一年的生活费。但是，这还远远不够，只有解决他们家庭的生计问题，才能真正让外出打工的父母留在孩子们身边。于是，沱沱工社又继续扩大采购范围，与湘西当地政府一起组织了四五十家农户，支持他们种植无硫百合，并帮助他们解决销售问题，让更多留守儿童家庭的父母不再远行，安心在家乡劳动。

8. 信息透明化营销

在利用大数据手段增强透明度方面，沱沱工社已经联合主要产地共同开发溯源系统，对种植、养殖、养护、加工等环节进行信息公开，让一些容易产生食品安全诚信问题的重点信息得以充分曝光，让消费者买得放心。

在沱沱工社人看来，在互联网、物联网大发展的背景下，诚信就是透明。企业的诚信体系建设应该充分运用大数据，构建透明社区，让相关利益方在一个充分透明的环境下沟通；建立诚实守信机制，包括：对多种数据进行关联性分析，对潜在线索进行挖掘，对隐患进行识别等，加强自身食品安全风险管理能力，推动业务在安全体系下运行。沱沱工社倡导"深度诚信"，树立良好的诚实守信的理念，对生产全流程把关，为消费者负责。

二、不同发展阶段营销策略

1. 市场导入期

沱沱工社建立于我国食品安全事件频发期。出于对"食品的尊重"、对"生命的尊重"，沱沱工社始终坚守有机自然理念，为中国家庭构建一个食品安全岛。

早在 2008 年，沱沱工社就斥巨资在北京平谷区自建了有机农场。此后，为了保证有机蔬菜的新鲜，又先后投资 5 000 多万元，建立自营配送中心和冷链物流体系，打造了农业电商行业唯一一条全产业链经营体系。

沱沱工社会从采购食品的生产区域、加工环境，供应商企业价值观、资质、资源、实际种植养殖过程等考察其食品安全水平，并按照食品的组成成分、营养结构、新鲜度、外观、味道等质量标准，从全球范围内，为用户采购高安全、高品质的食品。

沱沱工社市场导入期营销多是借助传统媒体扩大自营电商平台的知名度，并通过会员制锁定核心消费群。通过老客户口碑宣传和体验营销等方式，不断扩大消费群。

2. 快速发展期

从 2015 年开始经营战略转型到 2018 年转型为以 B2B 为主的有机食材供应商可称为沱沱工社快速发展期。这一时期沱沱工社采取了以下主要营销策略：

（1）推出"创客营"计划，实现"互联网＋"时代品牌自主转型。2015 年沱沱工社推出了"创客营"计划，建立起全面持久的开放创新平台和灵活的组织机制。由创客领头人（小组长）带领成员，积极探索新业务模式，打造沱沱工社商品的核心竞争力，增加经典而有口碑的单品，创造新的发展机遇。

创始人董敏介绍，"创客营"计划是通过特有的创客机制进行组织变革，激活组织成员活力、创新力，让每个创客在沱沱工社平台创业，让有想法、敢行动、勇于担当的人物走到前台，从而创造新的产品模式和经营模式，孵化出一批行业最具活力的生鲜电商合伙人，打造全新的电商生态系统。

（2）推出"沱沱U鲜"O2O服务，拓宽沱沱工社品牌推广渠道。2016年1月15日，沱沱工社开设了一个新的业务模块，叫作"沱沱U鲜"，主打一站式解决生鲜有机食品近距离供应问题。先在北京地区开设了10个线下小站，包括金源世纪城、双榆树万柳、双榆树、朝阳北苑、望京北、望京南、三元桥、青年路、CBD、崇文门等。沱沱U鲜的对外宣传除了凸显原有的两个核心概念——有机和高品质外，还突出了提供一对一、面对面的食材管家服务。

（3）推出"筷子会"定制业务，深度挖掘和服务高价值客户。沱沱工社针对平台中高黏性消费者的特点，在2017年2月20日上线"筷子会"服务，即采用定向邀请制，并向消费者提供专属的管家和配送服务。筷子会员都是有能力且愿意为生鲜食品支付高价的消费人群，较高的客单价可以分摊生鲜有机食品的高成本。

"筷子会"作为有机生活方式的方案服务商，在提供全球严选美食、贴心管家服务、膳食营养搭配等多项优质服务的同时，竭力为会员们打造一种安心、乐活的高品质生活氛围。会员们通过筷子会凝聚在一起，在有限的时间里，共同发现美好、感知美好，共同分享筷子会所带来的向善的力量。

（4）适当减少零散用户群，积极扩大B2B大单用户群。沱沱工社考虑到零散订单会增加平台运营成本，所付出的商业成本无法得到对应的回报，故不得不减少甚至放弃零散的用户群；同时积极开拓大单用户群。例如，2017年仅就北京的盒马鲜生5家门店、小象生鲜2家门店以及京东自营3条渠道而言，沱沱工社的大单用户月销售额就已达到200万元以上。

至2018年，沱沱工社已从单一B2C生鲜电商转型为以B2B为主的有机食品供应商，已与山姆、盒马、京东等多家大型企业开展合作，形成了农业生产基地与知名销售渠道的无缝对接，联手打造"农超对接"平台。

3. 稳定发展期

2018年以后，沱沱工社进入稳定发展期。

目前，有机生鲜的市场还未饱和，而沱沱工社主要是为用户提供有机、天然的生鲜类商品，因此，沱沱工社持续以有机为品牌特色，提升品牌辨识度，并且坚持创新，在生鲜电商红火发展的时代中坚定走自己正确的道路，保证品质，开拓市场。沱沱工社联手百度、京东共拓生鲜 O2O 大市场，还与滴滴跨界营销，通过抢占高频场景，实现更多 O2O 应用，更高效地在消费者与自身服务之间建立关系。

沱沱工社的目标客户定位主要是高端客户群体，这也对其产品信誉提出了极高的要求。产品质量和服务是品牌建设的基础。沱沱工社牢牢抓住这一基本点，累计投入上亿元，经营十年才开始盈利，这绝不是因为沱沱工社经营不善，而恰恰是有机食品行业原本应有的规律和必经之路。要想真正做有机农业，没有长时间的投入，不可能获得盈利。

沱沱工社通过自营农场模式，严格把控产品质量关，成为第一家全方位接受客户深入生产经营场所及供应商生产各环节进行明察暗访、质询交流的公司，做到质量控制体系完全公开透明。在沱沱工社网站首页中，点击"农场活动—畅游之旅"，会员客户就可以报名参加农夫之旅活动，亲自体验有机农场，而普通顾客在经过简单的申请注册之后也可以获得去其农场参观考察的机会。保证农场时刻处于顾客的监督之下，是沱沱工社以诚为本、巩固顾客忠诚的重要举措。

第四节　品牌建设主要经验

一、以匠心打造有机农业品牌

沱沱工社创始人董敏在回答这么多年来坚持做有机农业的动力时，说道："我从未把有机农业当成实现短期盈利的生意，用匠人精神持续投入、用心经营，将可持续的有机事业进行下去，是我们理解的长期主义。"

沱沱工社无论是自营农场还是合作农场，所生产的蔬菜、水果、肉类等都严格按照有机食品标准，层层把关，使生产场所和种养管理制度像清澈透明的沱沱河水那样，告知用户，接受用户监督，筑牢"沱沱工社"品牌诚信。

沱沱工社将"有机、天然、高品质"的创业初心贯穿整个生产管理中：坚持自产有机肥料，用地养地；坚持选择非转基因种子，从源头防止"基因污染"；坚决不使用化学农药和激素，保持食材的"天然"特性；坚持采用林下原生态散养方法，以天然青草、自产有机蔬菜、谷物饲喂，放养动物自由觅食虫子、泥沙等，保证动物产品的"有机"特性。这样，沱沱工社匠人们所生产的必定是消费者信赖的"高品质"食材。从食品产业链的源头上把关，也体现了"沱沱工社"品牌的"沱沱"价值理念——"可溯源"。

二、以全程冷链物流保障生鲜食材到达用户手中

沱沱工社的生鲜食品从采摘、储存、加工、订单分拣到末端配送，均采用专业的冷藏设备及冷链措施，打造了全程冷链的产业链体系，使得食品始终处于适当的温度条件下，保证了食品品质和安全。

沱沱工社有两种主流配送方式：一种是沱沱工社自营配送；另一种是委托顺丰速运、圆通速递、宅急送等第三方物流公司配送。为了减轻冷链物流成本压力，使有机食品事业可持续发展，沱沱工社一方面继续巩固并扩大对有机食品认可的高收入顾客群体；另一方面正在探索完善"自建物流＋冷链＋落地配送"的物流配送运作模式。

沱沱工社积极与线下企业进行合作，增加前置仓，以线下网点为中心辐射周围几公里内的用户群体，以区域为单位进行集中配送，以此扩大销售范围，减少运输过程中的产品损坏。

三、以体验营销加深消费者对品牌的认知和认同

沱沱工社作为集生产、销售于一体的全产业链生鲜电商，一直主打"自产有机"品牌。那么究竟什么才是有机食品？有机食品是在什么样的环境下生长的？有机食品的味道怎样……这是消费者普遍关心的问题。为了解答这些疑问，沱沱工社在其自营的有机农场专门成立了体验营销接待中心。通过现场体验，消费者认识了有机食品，特别是认识到有机食品价格高的原因所在。

通过体验营销和老顾客的口碑宣传等，沱沱工社不断增加新顾客，从而培养和增强顾客对其有机食品品牌的忠诚。

四、以会员制绑定品牌忠诚消费者

生鲜有机食品生产成本较高，再加上全程冷链物流配送，到达用户手中的成本更高，故价格比普通食品要高出两三倍。正因为考虑到有机食品的高生产和物流成本，所以沱沱工社设立之初就将目标顾客群瞄向双高（高职位、高收入）

和双外（外国人、海归）人群。这些高收入人群对有机食品有认同感并愿意消费，就发展成为沱沱工社的会员。沱沱工社通过会员制，保住了消费市场的基本盘，这也是沱沱工社成为少数迄今经营良好的生鲜农产品电商企业的主要原因。

有机农业的最大优势是"有机"，是"看天吃饭"，但这也是劣势。"看天吃饭"就要应对更多的自然灾害和不可抗力。虫害问题尤其严重，有的年份还要面对"绝收"的风险。所以，只有锁定对有机食品充分认可并有购买能力的消费者，才能让有机食品企业行得稳、走得远。

参考文献

［1］郝世绵．生鲜电商全产业链协同创新发展研究［M］．合肥：合肥工业大学出版社，2016.

［2］姚金芝．农业网络化与互联网发展［M］．北京：中国建材工业出版社，2016.

［3］周明．电子商务破解生鲜农产品流通困局的内在机理：以天猫生鲜与沱沱工社双案为例［J］．商业经济研究，2017（2）：72－74.

［4］牛东来．现代农产品流通与创新：北京市农产品O2O流通模式与电子商务平台框架研究［M］．北京：首都经济贸易大学出版社，2018.

［5］张赵晋．供给侧改革下有机农产品电子商务创新研究［M］．成都：电子科技大学出版社，2018.

［6］沱沱工社官方网站．http：//www.tootoo.cn/.

［7］百度百科．沱沱工社［EB/OL］．http：//baike.baidu.com/item/沱沱工社/10152255？fr＝ge_ala.

［8］沱沱生活．沱沱十年·感恩有您［EB/OL］．https：//www.sohu.com/a/24620088 6_758823.

［9］梁杰民．沱沱工社开展"沱沱U鲜"O2O服务［EB/OL］．https：//www.iyiou.com/news/2016011623743.

［10］沱沱工社，让世界对"吃"更放心［EB/OL］．https：//china.huan-qiu.com/article/9CaKrnJW9Kx.

［11］沱沱生活．沱沱扶贫之路丨让每一次购买，都成为实实在在的脱贫帮扶［EB/OL］．https：//www.sohu.com/a/247622568_758823.

［12］吴琼．新农业经营：沱沱工社：贩卖有机［EB/OL］．http：//www.

brand. zju. edu. cn/2012/0606/c57339a2294075/page. htm.

[13] 沱沱工社许良：利用大数据手段增强网络诚信透明度 [EB/OL]. https：//internal. dbw. cn/system/2018/07/05/058029257. shtml.

[14] 董敏：转型圈层电商，沱沱工社的秘诀是产品 [EB/OL]. https：// www. ebrun. com/20171028/251590. shtml.

[15] 沱沱生活. 亿邦动力携手 IBM 走进沱沱工社 探讨新零售时代如何读懂用户 [EB/OL]. https：//www. sohu. com/a/200716272_ 758823.

[16] 沱沱工社：自建物流全程把控，痛并快乐着 [EB/OL]. https：// www. chinatradenews. com. cn/epaper/content/2013 – 09/17/content_ 27232. htm.

第八章
生鲜农产品网上超市——叮咚买菜

| 案例简介

叮咚买菜创立于 2017 年 5 月，隶属于上海壹佰米网络科技有限公司，是一款自营生鲜电商平台及提供配送服务的食品类 App，其前身是为社区居民生活日用品提供配送服务的"叮咚小区" App 电商平台。叮咚买菜致力于通过产地直采、前置仓配货和最快 29 分钟配送到家的服务模式，以及自营的产供销一体化物流体系，为用户提供品质确定、时间确定、品类确定的生鲜食品消费体验。叮咚买菜的使命是：让美好的食材像自来水一样，触手可得，普惠万众。

叮咚买菜定位于大中城市具有较强购买力的年轻消费群体。通过"线上 + 线下"相结合的营销方式进行品牌宣传推广，开拓市场，其服务范围已覆盖上海、北京、深圳、杭州、苏州、成都等城市。2021 年 6 月 29 日，叮咚买菜在美国纽约证券交易所上市。2020—2022 年，凭借品牌营销、产品质量控制和便捷式配送服务，叮咚买菜的营业收入实现了爆发式增长，2022 年营业收入达到 242.2 亿元，是 2019 年的 6.24 倍，三年平均每年增长 175%。叮咚买菜正在探索完善"前置仓 + 配送到家"电商运营模式，积极研发新产品、提高工作效率、降低成本，拓宽消费群体，扩大服务区域市场，实现可持续发展。

第一节　品牌产生背景及发展情况

一、品牌产生背景

叮咚买菜创始人梁昌霖是一位退伍军人。他退伍后，凭借着视频剪辑软件赚取了第一桶金，开创设立了互联网母婴社区丫丫网（后名"妈妈帮"）。2014年，社区O2O的风口正盛，梁昌霖希望将曾经运营母婴社区的成功经验复刻到互联网社区服务上，于是创立了叮咚买菜的前身——"叮咚小区"，以一声门铃"叮咚"为名，希望通过"叮咚小区"App重建移动互联网时代的睦邻关系。"叮咚小区"的业务主要以社区生活服务为主，包括到家清洁、干洗、送餐等。

2017年原公司业务正式转型，进军家庭线上买菜业务领域，梁昌霖将"叮咚小区"正式更名为"叮咚买菜"，其意为：叮咚一声，送菜上门。2017年5月叮咚买菜App正式上线，主要为社区居民提供蔬菜、水果、肉蛋禽、水产、日配（米面粮油、调料）等。平台秉持"决不把不好的菜卖给用户"理念，承诺"0起送费0配送费，29分钟送菜上门"。

叮咚买菜多位高管为元老级成员，如俞乐和丁懿，从丫丫网开始一路追随梁昌霖，成为其创业路上的忠诚名将。从履历上看，叮咚买菜各高管从业经验丰富，曾先后任职于世界知名企业，职业技能强。

二、品牌发展情况

叮咚买菜自2017年创立以来，由一个地区性的生鲜电商平台发展成为业务覆盖多个大城市的大型电商企业。2020—2022年，其营业收入实现爆发式增长，2022年营业收入达到242.2亿元，是2019年38.8亿元的6.24倍，平均每年增长175%。

叮咚买菜品牌发展过程中的重要时期和事件：

（1）2017年5月，上海壹佰米网络科技有限公司成立，"叮咚买菜"App正式上线。

（2）2018年，叮咚买菜建成119个前置仓，可服务上海大部分社区。同年，先后完成A轮、A＋轮、B轮、B＋轮四轮融资，投资方包括红杉中国、老虎环球基金、高榕资本、红星美凯龙等。同年，获"浦东新区创新创业奖"。

（3）2019 年，叮咚买菜进入杭州、深圳，并完成 B+轮融资，投资方包括今日资本、CMC 资本、BAI 资本、龙湖资本等。同年 8 月，叮咚买菜首次从华东地区进军华南地区，将年轻人比例最高的深圳作为第一站，开始了第一次跨区域的供应链尝试。同年，获"上海市电子商务示范企业""上海电商扶贫优秀案例"等荣誉称号。

（4）2020 年，叮咚买菜正式进入西南地区。同年，完成 C 轮融资，投资方包括 General Atlantic 泛大西洋投资、今日资本、红杉中国、CMC 资本、老虎环球基金等。同年推出了"叮咚谷雨"自营供应链项目，即从源头控制，做自主加工产品，覆盖肉类、米面制品、豆制品、烘焙制品及预制菜等。同年，创始人梁昌霖获"上海在线新经济年度人物""上海市最美退役军人"等荣誉称号。同年，公司获浦东"抗击疫情，保障民生"突出贡献奖，上海市"抗疫奉献标兵企业"。

（5）2021 年 4 月和 5 月，叮咚买菜分别完成 D 轮和 D+轮共 3 亿美元的融资，投资方包括软银愿景基金、CMC 资本、今日资本、红杉中国等。同年 6 月29 日，叮咚买菜正式登陆纽约证券交易所，在本次 IPO 中总计发行 370 万股美国存托股票（ADS），发行价为每股 ADS 23.5 美元，以发行价计算，叮咚买菜的市值超 55 亿美元。

（6）2022 年 12 月，叮咚买菜已有超过 20 个自有品牌，SKU 数约 2 200 个；实现总订单量超过 3.5 亿单，营业总收入达到 242.2 亿元。

（7）2023 年 12 月，第十六届全球自有品牌产品亚洲展（PLF）在上海举办，叮咚买菜自有品牌凭借团队、品质、创新等方面的综合优势，荣获"自有品牌卓越团队奖""自有品牌优秀操盘手奖"；叮咚菜手抓牛大骨等十一款产品荣获"卓越商品奖"，共获得十三项大会颁发的金星奖，创下了叮咚买菜参评 PLF 金星奖以来的获奖新纪录。

第二节　品牌标识与市场定位

一、品牌命名与标识

"叮咚买菜"品牌命名取自送货员送货上门按压客户门铃的"叮咚"声音，其含义既简明又亲切，读起来朗朗上口；再加上"买菜"，点明了品牌主营业务。整体而言，该品牌名称能让顾客联想到声音，留下深刻印象。

叮咚买菜的 LOGO 由一个红萝卜图形和品牌名组成（如图 8 - 1）。此 LOGO 简洁明了，一目了然，使客户能快速获知品牌的主营业务。

图 8 - 1　叮咚买菜的原 LOGO

2022 年 11 月 27 日，叮咚买菜 App 10.0 版本发布，在优化网页界面布局、改善用户体验的同时，还用上了全新设计的品牌 LOGO（见图 8 - 2）。更新后的 LOGO 同样由文字和红萝卜图标组成，不同的是，新的字体和图标统一去除了绿色的描边。

标识中的红萝卜去掉了深色的描边轮廓，整体造型显得更加圆润，此外两片绿色的萝卜缨也连接在一起，形成一个绿色的心形符号。优化后的中文字体在保留原版文字的部分特征后，不再使用描边的圆体字，而是把笔画收尾处的圆角改为直角，由空心字变为实心的简体字形。去掉了多余的装饰后，品牌 LOGO 整体看起来更加清晰明了。

品牌口号也从之前的"29 分钟 鲜到鲜得"变更为"想吃什么 就上叮咚"。

前者强调高效率的便利购物体验，后者则囊括了生鲜美食等各类满足家庭生活所需的产品。

图 8 - 2　叮咚买菜的新 LOGO

二、市场定位

1. 品牌核心价值

叮咚买菜以"品质确定、时间确定、品类确定"为核心指导原则，利用社区前置仓为消费者提供便捷的生鲜到家服务。叮咚买菜的使命是：让美好的食材像自来水一样，触手可得，普惠万众。其愿景是：成为全球最大、最值得信任的食材食品运营和销售商。

叮咚买菜通过构建"高标准农产品采购体系＋优秀的履约体系＋高效的流通体系"，培养消费者高频购买习惯，增强消费者黏性，从而打造便利、快捷的线上网购生鲜食品商城。

2. 品牌产品主要特点

叮咚买菜主要经营"叮咚买菜"App 平台，用户在线上平台下单后，叮咚买菜通过自营配送系统，实现 29 分钟配送到家服务。其产品和服务的主要特点如下：

（1）提供生鲜优质蔬菜。通过选择采用科学种植方式的高质量生产基地，最大限度减少农药残留带来的危害，确保生鲜高品质。亦即从农产品供应链上游深度切入，保证产品可追溯。在蔬菜类中，叮咚买菜建立了自己标注食品新鲜度的规则，即用字母 A ~ G 标注新鲜度，这比平常靠颜色外观来辨认新鲜度更为科学、明确。

（2）提供活鱼活虾。为了保证鱼虾的鲜活性，叮咚买菜推出了自主研发的可回收打氧箱。虽然会增加一定成本，但由于保证了鲜活性，在同类产品中具有较强的竞争力。

（3）自营前置仓模式。即在离用户最近的地方布局集仓储、分拣、配送于一体的仓储点。将前置仓建在社区周围，确保能够及时接收订单，下单后以最快速度送达。同时前置仓还可以根据生鲜产品的相关性，使用生鲜配送管理系统为用户推荐搭配套餐，形成一站式的购物体验。

叮咚买菜主要利用供应商直供的采购模式，即供应商直接将货物送到各大社区配送站，这样能够避免蔬菜等在长途运输中出现变质，同时也更容易补货。

（4）用心设计网购菜谱。叮咚买菜根据售卖商品设计了菜谱，这样用户可以在选购后即进行烹饪，有效提高了用户黏性；同时，叮咚买菜通过内容运营持续留住用户，拓宽了业务边界，增强了 App 的易用性。

（5）自产"预制菜"。近些年叮咚买菜推出十几款预制菜，很受消费者青睐。特别是叮咚火锅配餐一上市，就成为畅销品。这种火锅新品，不仅延续了叮咚买菜以往对食材的高品质追求，还将地域特色口味和食材相融合，做成物超所值的"有料火锅"，既可以作为锅底涮煮，也可以作为一道特色大菜食用，实现"一锅两吃"，引领预制菜 C 端消费新趋势。

3. 市场定位策略

叮咚买菜市场定位为中大型城市的年轻群体，他们工作生活节奏快，希望在更短的时间内更高效地解决买菜做饭这件事。这部分消费群体的年龄大部分为25～35 岁，收入水平中等偏上，他们成家立业之后，以家庭为单位的到家服务需求开始提升。叮咚买菜通过线上下单、线下半小时内送到家，提供品质有保障、性价比较高的商品和服务，占领年轻消费者群体的消费心智。相较于去邻近的菜市场买菜，叮咚买菜为忙于工作的年轻人提供了便利。

叮咚买菜先在一个区域建立起一定的竞争优势之后，再逐步拓展新的城市区域。叮咚买菜从上海到苏杭，到深圳、北京，选择的都是一个区域内人口密集、经济发达、物流条件成熟的城市群。而且这些地区的年轻人有较强的购买力，能够成为叮咚买菜的主力消费群体。

第三节 品牌营销策略

一、主要营销策略

1. 自营 App 营销

叮咚买菜主要运营其自营 App 平台。叮咚买菜 App 有以下几个吸引用户的做法：

（1）首页设置亮点。用户进入叮咚买菜 App 首页后，入目即是"新人尝鲜价"和"188 元新人专享券包"两大板块，吸引用户领取券包和浏览商品，最终促进首单的成交。具体有：

①"新人尝鲜价"板块展示不同品类的商品，右侧设置了"查看更多"的入口，让用户产生查看的兴趣，同时增加了用户浏览商品的时间，在一定程度上有利于首单的转化。

②优惠券采取券包的形式发放，不同的产品类型有相对应的红包，让用户感觉到实惠的同时促进不同品类产品的成交，提高用户在第一次下单后复购的概率。

（2）邀请有礼。用户可以通过叮咚买菜 App "邀请有礼"板块邀请新用户，新用户完成下单，邀请用户就可获得满 59 元减 30 元的优惠券；另外还设置了邀请梯度，邀请 2、3、5 人分别有额外的奖励。另外，用户可以通过拼团的方式，邀请新用户参与拼团，获得优惠价，也起到了传播的效果。

（3）增加用户活跃和转化。叮咚买菜有一个专门的导航栏是"吃什么"，打开后有菜谱教学、食物处理小技巧等内容，其中比较出众的是"宝妈严选""专题内容"和"激励计划"，用户除了可以学习烹饪技巧外，还可以阅读精选内容或参加活动，增强用户黏性，为用户提供了便利。

2. 第三方平台营销

叮咚买菜在淘宝、京东、抖音、快手、微博等平台都设置了店铺或入口，都可以下单。在微信群、社区群、小程序等，也可点击链接下单。

3. 绿卡会员制

叮咚买菜给予绿卡会员很多优惠，故一般有购买力的消费者都愿意办理叮咚买菜绿卡会员。绿卡会员连续包年会费是 88 元/年，可获得的权益有：

（1）成为唯品会、必胜客、网易严选联合会员（可单选或全选）。

（2）绿卡专享品；绿卡专享券；绿卡专享价等。

（3）免费领菜；生活特权，可领取生活物品。

（4）周五绿卡全品类促销折扣。

（5）6 次/月免配送费。

（6）专属客服，贴心服务。

4. 线上线下广告宣传

线上广告，即在公众号、小程序、视频号、搜索引擎等网络新媒体上做广告宣传。

线下广告，如路牌广告、发传单等，社区现场营销活动、配送车体广告等；在传统媒体如地方报纸、地方电视台频道等也适当做一些广告宣传。

5. 精细化服务

叮咚买菜为了提升用户的生命周期，进而提高用户的终身价值，实施了精细化、有温度的服务营销，即解决用户在下单前—下单中—下单后的问题，让用户在需要解决问题的时候都可以找到相对应的路径，进而提高用户满意度和黏性。

二、不同发展阶段营销策略

1. 市场导入期

这一时期是从 2014 年创办"叮咚小区"到 2017 年叮咚买菜 App 正式上线并运作。在这一阶段，叮咚买菜没有采取聘请代言人、冠名综艺节目等花费较高的方式进行品牌推广，而是采用比较接地气的营销方式，主要如下：

（1）依托其前身"叮咚小区"，积累原始用户。

（2）通过在创始人梁昌霖创办的妈妈帮 App 上精准投放广告来瞄准工作繁忙的年轻妈妈群体。这些年轻妈妈群有着新型的消费观念，正适合发展为叮咚买菜的客户。叮咚买菜利用妈妈帮进行广告投放，吸引了第一批种子用户，降低了整体推广成本。

（3）使用地推方式获得第一批客源。在商超、菜市场、小区门口等目标人群集中地推广 App，每位新注册用户，当场可领取水果、鸡蛋、调味品等实质性奖励。这一营销方式，既宣传了叮咚买菜 App，也帮助叮咚买菜扩大实物销售的影响力，在初期迅速积攒了大量用户群体。

（4）平台主要是从促使顾客自发拉新以及鼓励用户活跃起来的角度出发，开始尝试增加运营活动。如：分享红包活动、邀请有礼、新人福利专区，有利于降低拉新成本。采用传统的"红包大战"的方式，如新会员可获得多个大额满减红包、享受 0 元起送费等，吸引大量用户，抢占市场份额。

可见，在市场导入期，叮咚买菜通过线上线下结合的方式来进行品牌推广，线上主要是裂变（以老带新）和妈妈帮社区的推广，线下主要是深入到社区的地推和深入到写字楼的品牌推广。

2. 快速发展期

2018 年至 2021 年 6 月在美国纽约证券交易所上市为叮咚买菜快速发展期。叮咚买菜 App 上线后，开始获得越来越多的创投基金青睐。仅 2018 年就获得 6 轮融资，总金额超 1 亿美元。有了充足资金，叮咚买菜开始快速扩张。仅 2018 年就新增 119 个前置仓服务站，服务范围覆盖了上海大部分社区。之后陆续投放大量广告和开展各种促销活动，带来销售量的快速增长。

（1）线上裂变式传播。叮咚买菜 App 上线后，采取拼团和分享红包的方式吸引社区用户，利用社区关系网实现裂变式传播。此外，叮咚买菜还利用微信小程序等生态圈，通过微信分享链接给朋友等活动进行裂变式传播，迅速提升了品牌知名度，累积了大量用户资源。

（2）线下广告投放。2019 年叮咚买菜与新潮传媒合作，在覆盖 2 亿中产人群的 70 万部电梯中传播"29 分钟抢鲜到家"的品牌价值理念。在 2019 年底，叮咚买菜登陆了新潮电梯智慧屏，投放范围覆盖杭州、深圳、上海等多个核心城市；在用户每天回家必经的电梯里，构建了"下班下单，到家收菜"轻松买菜的消费场景，第一时间抢占用户注意力，解决买菜困难的痛点和需求，帮助叮咚买菜建立起品牌认知，从而将初步认知转化为搜索、下载 App 的行动。此外，叮咚买菜的线下营销还包括在社区开展各种现场营销活动，发展绿卡会员等。

3. 稳定发展期

叮咚买菜自 2021 年上市以来，便进入了稳定发展期。除了继续采用之前的有效营销方式外，还开展了以下营销活动：

（1）借力支付宝"集五福"活动。叮咚买菜通过投入支付宝搜索、小程序收藏及参与平台大促等，实现了支付宝平台私域拉新、增加会员及引流增长。2022 年，叮咚买菜借力支付宝"集五福"活动，通过支付宝小程序、生活号、App 为用户发福卡。此外，还赶在年夜饭之时，借势推出了五福定制年夜饭预制菜套餐、面向减肥人群的"低卡年夜饭"以及 1 元"虎系菜"。其中，限量年夜饭五折券开售仅两天就被抢购一空，"虎系菜"引 10 万人哄抢，其支付宝小程序创下了 2021 年整年的访问量历史峰值，且远超 2021 年同期。

（2）线上直播。针对支付宝最新升级的生活号、生活频道，叮咚买菜也借机率先试水生活号直播，且已将生活号与小程序服务打通，通过内容营销向私域导流，带动小程序内年货销售量以及生活号粉丝规模的上涨。2022 年 1 月 24 日晚间，叮咚买菜在其支付宝生活号推出了一场上海阿姨教学年夜饭的直播，吸引了超 20 000 人在线围观、抢购优惠券。直播过程中还随机"掉落"年夜饭优惠权益和抽奖，吸引更多观众停留，转化为购买行动。同时，叮咚买菜生活号直播间已与其小程序服务打通，用户在观看直播时可直接下单订购。

（3）情感营销。叮咚买菜联合支付宝推出了"上支付宝，一元抽西瓜"活动，把浓浓的夏日甜蜜带给消费者。把西瓜作为传播切入点，创意话题，引发 UGC（User Generated Content，用户生成内容）创作。视频短片中六句土味情话，句句甜入心扉，激起消费者强烈的情感共鸣。"西瓜最中间的一口最甜"，还暗含"放在心中的人最甜、最重要"的意思。"西瓜最甜的那口你给谁"这种话题，与"秋天的第一杯奶茶"有异曲同工之妙，都能激起消费者倾诉、传播欲望，说出自己心中那个最重要的人和故事。

在"西瓜情话"短片中，"一元吃瓜"活动被反复提及，存在感极其强烈。甚至为了让消费者把注意力集中在活动上，整个短片中没有出现任何完整的人物、故事，既让消费者感受到了情感的动人之处，又不会冲淡他们对活动的印象。而且，一元抽奖模式利用了消费者以小博大的心理，创意十足，吸引力极强。"上支付宝搜吃瓜"则把参与路径表述得十分清楚，打通了消费者转化障碍，实现了从吸引用户关注到塑造用户行为。

（4）公益营销。叮咚买菜联合上海仁德基金会打造旨在关注视障群体福祉的"爱心牵手你我同行"公益活动。叮咚买菜连续多年为视障人群开展"你捐一份，叮咚捐一份"的公益项目，除了每年定期为视障群体组织捐款，还会举办形式多样的公益活动，如邀请蔬果专家为视障人群组织营养讲座，介绍蔬果营养知识以及挑选、储存技巧；组织陪走活动，由叮咚工会成员一对一地陪同视障人群行走游览，探索身边的世界。为了帮助视障人群解决买菜难的困扰，叮咚买菜 App 还推出了"盲人模式"，视障人士触摸手机屏幕，软件就会播报菜名、价格、购买步骤等对应信息，用耳朵就能买菜。

在疫情来袭之时，叮咚买菜为成都封控小区沙河·云景湾 900 多户居民免费送来了 900 多份公益蔬菜包，并贴上了"成都加油，叮咚与你同行"的爱心贴纸。"保障成都菜篮子，叮咚买菜公益送菜传递城市温度"等宣传报道见诸报端。

叮咚买菜作为专注民生的生鲜企业，一直以来都在秉承"多一点能量，多一点担当"的公益理念，积极投身公益事业，为社会贡献一份力量，助力共同富裕。同时，叮咚买菜用实际行动去践行"让美好的食材像自来水一样，触手可得，普惠万众"的经营理念。

第四节　品牌建设主要经验

一、精心设计和运营叮咚买菜 App

叮咚买菜 App 作为网上购物平台，其页面设计和产品展示非常重要。叮咚买菜通过大数据分析预测与智能推荐，构建符合消费者消费趋向和他们重点关注的问题：针对"不知道吃什么"问题，叮咚买菜设置了"吃什么"专区，列出各种食材营养与功能介绍；针对"不知道怎样做菜"问题，设置了"怎么吃"专区，列出各种菜谱及制作方法；针对"食材和调料怎样搭配"问题，设置了"食材和调料"专区，推荐各种菜谱所需的食材和调味品，等等。

叮咚买菜获客主要是通过线下地推和用户裂变。线下地推直接深入社区，在小区门口设立摊位，用低成本的鸡蛋、调料等作为奖品，引导并指导社区居民下载叮咚买菜 App，实现线下客户引流到平台买菜。新用户注册即可获得大额优惠券，老用户分享推荐新用户注册也可以获得优惠券，这便是一个利用邻里间、朋友间的信任裂变拉新的过程。除此之外，还有一些邻里拼团的活动，通过熟人社交拉新。

二、建立"前置仓 + 配送到家"的一体化物流体系

叮咚买菜的前置仓业态是"自来水模式"，就好比拧开水龙头，自来水就到了家。前置仓经营模式的优势表现在：一是便利，不需要花时间等待；二是不依赖选址，传统零售商业非常依赖线下选址，但叮咚买菜的前置仓模式破解了这个难题；第三个优势是可以全城覆盖。

叮咚买菜的"前置仓＋配送到家"的一体化物流配送体系中，最重要的是把好产品质量控制关，即从源头把控、总仓验收、加工分拣、前置仓验收、储存巡检、分拣打包、配送交付等方面严格把关品控。叮咚买菜雇用了500多名品控人员，每年在品控快检和第三方检测上投入达5 000多万元，其人力财力的投入都在行业里处于领先位置。

三、坚守"三个确定"经营理念

叮咚买菜的"三个确定"经营理念是：品质确定，即通过严格的品控流程管理，确保生鲜食材的品质；时间确定，即通过前置仓配送一体化体系，最快29分钟准时送达；品类确定，即实现全品类销售，包括活鱼活虾等水产品，可以完全替代线下菜场超市。

叮咚买菜通过"三个确定"，大大提高了消费者复购率。叮咚买菜尽管起步较晚，流量和其他同行有差距，前两年没有投放任何广告，单量却能领先，就是因为"三个确定"带来口碑宣传，带来高复购率。高复购率使叮咚买菜发展进入了良性循环之路：复购率持续提高—营收规模的扩大—品牌影响力增强—更多的新用户注册—更多的用户复购。

四、精准定位和贴心服务用户群体

叮咚买菜用户群体主要定位于大中城市白领，他们工作繁忙，时间紧张，对食材的新鲜度和品质有较高要求。这些消费人群都有线上互联网购物习惯，并且有较高的购买能力。为了建立用户对叮咚买菜品牌的忠诚，提高复购率，叮咚买菜实施了绿卡会员制，给予会员多种优惠。通过自营物流配送系统，叮咚买菜在生鲜电商市场推行"0门槛配送"，提出"一根葱也配送"的服务理念，极大地提升了消费体验。通过生产各种半成品和成品的预制菜，使消费者做菜变得方便简单。通过大数据分析与预测，叮咚买菜不断研发新产品，提供各种令消费者满意的产品和服务。

近几年，叮咚买菜通过强化图片和语音搜索功能，帮助老年用户和其他操作障碍的人群，更好地浏览与购物；同时叮咚买菜 App 长辈版还为老年人开发了定制化商品推送和菜谱研发，让喜欢叮咚买菜的商品的银发一族也能拥有更加舒适且完善的线上购物体验。目前叮咚买菜 App 长辈版已经全面覆盖安卓和 iOS 系统，用户可以通过 App 里的"设置"功能进行随时切换。

作为一家专营日常民生食品的电商公司，叮咚买菜在商品呈现和针对老年人的产品体验方面不断完善，让银发一族也能和年轻人一样拥有丰富的美食体验，并享受互联网带来的便捷服务。

五、重视特色预制菜的研发和生产

近年来，叮咚买菜根据市场需求变化动态，开始将预制菜作为经营战略重心，与左庭右院、望蓉城、精悦蓉、老诚一锅等品牌合作研发特色预制菜产品，如蚝油牛肉、八宝鸭、狮子头等名菜，加速布局 C 端预制菜。董事长梁昌霖在 2023 年公司经营会上指出预制菜排在公司业务首位，并且强调叮咚买菜的预制菜会是"有迹可循的健康预制菜"，还表示会推出"针对儿童和老人的专属预制菜""针对健身人群开发控制热量的健身餐"等。叮咚买菜将通过预制菜研发和生产，培育新的利润增长点。

2020 年叮咚买菜开始入局预制菜，主要围绕平台消费者的生活场景和时令节气，做品质型预制菜生产，短短 2 年时间，叮咚买菜的预制菜销售就呈现出发展"上扬线"：在一、二线市场，预制菜渗透率从 2020 年 6 月的 10%，攀升到 2022 年 9 月超过 40%，节假日甚至到 50% ~ 60%，春节期间更高。据推测，中国预制菜市场有巨大发展潜力，到 2026 年预制菜市场规模将超过 1 万亿元，叮咚买菜将持续投资特色预制菜生产。

参考文献

[1] 郭梦倩，黄麟. 社区生鲜电商商业模式分析：以叮咚买菜为例 [J]. 中国商论，2020 (11)：12 - 13，27.

[2] 赵灵玮，闫旭. "叮咚买菜"与"盒马鲜生"商业模式比较研究 [J]. 经济研究导刊，2020 (11)：107 - 109.

[3] 宋芳冰. 生鲜电商的商业模式比较分析：以叮咚买菜和京东生鲜为例 [J]. 现代商业，2021 (36)：30 - 32.

[4] 杨松. 叮咚买菜造血难 [J]. 21 世纪商业评论，2021 (7)：59 - 61.

[5] 王雪娇. 生鲜电商商业模式的对比分析：以叮咚买菜和盒马鲜生为例 [J]. 物流工程与管理，2022 (3)：149，159 - 160.

[6] 叮咚买菜官方网站. http：//www. 100. me/home/index.

[7] 百度百科. 叮咚买菜 [EB/OL]. https：//baike. baidu. com/item/叮咚买

菜/22198972？fr＝ge_ala.

[8] 叮咚，你的菜到了［EB/OL］. http：//www. woshipm. com/evaluating/3406004. html.

[9] Mandy. 叮咚买菜产品分析 l 破土而出并飞速成长的小萝卜［EB/OL］. http：//www. woshipm. com/evaluating/5244124. html.

[10] 叮咚! 这个影响到每个人的新物种钉在了浦东［EB/OL］. https：//www. yicai. com/news/100825444. html.

[11] 情感营销新玩法：叮咚买菜打破"叫好不叫座"魔咒［EB/OL］. https：//new. qq. com/omn/20210718/20210718A06S7O00. html.

[12] "后疫时代"，叮咚买菜如何持续保持快速扩张的黑马姿态[EB/OL］. http：//www. imspm. com/fenxipingce/101693. html.

[13] 叮咚买菜用户运营体系拆解［EB/OL］. https：//www. yunyingpai. com/user/801921. html.

[14] 叮咚买菜公司简介、发展历程、融资历程一览［EB/OL］. https：//www. sgpjbg. com/info/29513. html.

[15] 丰富融资史，创业老将梁昌霖带领公司进入高质量发展期[EB/OL］. https：//www. vzkoo. com/read/2023032903df7e0b34c33ca90c8a38d3. html.

[16] 叮咚买菜能够赚到钱，可能背后的故事你不知道［EB/OL］. http：//zhuanlan. zhihu. com/p/608312137.

[17] 稳扎稳打、垂直聚焦，叮咚买菜的卖菜经［EB/OL］. https：//www. sohu. com/a/375309282_726993.

[18] 送福卡、上线五福年夜饭、生活号直播，叮咚买菜五福线上客流创峰值［EB/OL］. https：//new. qq. com/omn/20220128/20220128A03T8F00. html.

[19] 木狸. 入局预制菜2年，渗透率10%到超40%，叮咚买菜怎么做的?［EB/OL］. https：//baijiahao. baidu. com/s? id＝17453697 19472952246&wfr＝spider&for＝pc

第九章
顺丰速运旗下的农产品网购商城——顺丰优选

案例简介

"顺丰优选"是由顺丰速运集团倾力打造的、以生鲜食品为主的网购商城。顺丰优选 App 于 2012 年 5 月 31 日正式上线,专注于生鲜、安全、高品质食品,目标市场定位于中高端客户群。2021 年"顺丰优选"线上商城更名为"优选特惠商城",并在微信小程序上运营;还在手机顺丰速运 App 主页上设有"买生鲜水果"专栏并可随时下单。优选特惠商城的商品种类主要包括鲜果时蔬、水产速食、粮油干货、酒水乳品、冲调茶饮、休闲零食、营养保健等食品类,还有一些化妆品、厨卫用品、日用百货等。顺丰优选充分利用集团强大而高效的物流配送能力,在生鲜食品电商配送方面培育自身优势。面市不到两年时间,顺丰优选就发展成为中国冷链食品电商的标杆企业。

顺丰优选以"优选商品、质优价平、严格品控、无忧售后"为宗旨,实施线上与线下整合营销,建立特色农产品馆,开通跨境电商,与名牌产品"联姻",打通消费者与生鲜食品供应商之间的渠道,保障食品安全与优良品质。顺丰优选积极探索农产品生产基地、食品生产企业与顺丰速运物流站点、丰巢智能柜等场所结合方式,以带给消费者更好的网购体验和更高品质的生活享受。

第一节 品牌产生背景及发展情况

一、品牌产生背景

1993 年，22 岁的王卫在广东顺德创立顺丰速运。当时，这家公司算上王卫本人也只有 6 个人。2010 年，这家公司的营业收入已经达到 120 亿元人民币，拥有 80 000 名员工，年平均增长率 50%，利润率 30%。目前，顺丰在全国拥有 38 家直属分公司、3 个分拨中心、近 100 个中转场、2 500 多个基层营业网点，覆盖除了西藏、青海之外的 31 个省、近 250 个大中城市以及 1 300 多个县级市或城镇。此外，顺丰在中国香港、澳门、台湾以及韩国、新加坡都设立了网点或者开通了收派业务。

2011 年，《广州日报》发表了一篇对王卫的采访稿，王卫表达了两个重要信息：第一，融合电商是未来的方向，第二，顺丰速运目前不太适合上市。就在这一年，顺丰速运的全资控股子公司顺丰优选成立，2012 年 5 月 31 日"顺丰优选"正式上线。这是顺丰速运在电商领域的试水之作。

据媒体报道，顺丰优选上线前，王卫特地从深圳飞到北京和高管开会，再三强调"顺丰优选是不能失败的项目"。因为 2012 年之前的几年，快递行业的平均单价已从 2007 年的 28.5 元下降到了 18.5 元，王卫需要找到为顺丰速运"增值"的办法。以冷链技术为核心，直指电商企业最不敢碰的生鲜品类，当时掌握着商务业务积攒下的中高端客群，顺丰看到了顺丰优选赚钱的希望。

顺丰优选的出现成为国内物流公司"袭击"电商的一大标志。但某种程度上，顺丰速运对电商的投入运作更像是一场物流公司的防守战。因为从 2010 年起，以阿里巴巴为首的电商平台就在物流上做出了许多尝试，让快递公司感到了可能受制于电商平台的危机。

2016 年，顺丰速运开始将顺丰优选的业务布局到线下，在北京、广州等大城市建立社区门店，并计划发展一些规模更大的顺丰优选超市。2018 年顺丰优选线下门店数曾超过 2 000 家，因大部分处于亏损状态，2019 年开始大规模调整，关闭了亏损较严重的门店。至 2023 年，顺丰优选线下门店大约有 450 家，其中 60% 以上在华南地区。顺丰优选正积极探索如何结合顺丰速运物流点、丰巢智能柜等的优势，合作经营，以降低成本、提高效益。

二、品牌发展情况

2012 年主打生鲜食品的电商平台"顺丰优选"正式上线，之后，不断向线下扩张。如今，顺丰优选的商品种类已涵盖生鲜食品、酒水饮料、母婴食品等 9 大部类，SKU 由起初的 5 000 多种增加到 13 000 多种，比一家中型超市的食品 SKU 总量要多几千种。

顺丰优选品牌发展过程中的重要时期和事件：

（1）2012 年 5 月 31 日，"顺丰优选"电商平台正式上线，北京区域开通全品类配送。12 月 12 日，顺丰优选"时令优选"频道上线，特色农产品开通全国配送。

（2）2013 年 2 月，顺丰优选新增上海、广州、深圳三个城市常温配送服务；3 月，新增天津、南京、苏州、武汉、杭州五个城市常温配送服务。4 月，顺丰优选新会员体系上线。5 月 2 日，首款海外直采产品太阳堂凤梨酥上线。9 月 9 日，开通华南、华东两仓，至此可常温配送 37 个城市，冷链配送 11 个城市。12 月，顺丰优选全新改版上线，顺丰优选常温食品配送范围覆盖全国。

（3）2014 年 8 月 11 日，顺丰优选生鲜配送范围扩展至 48 个城市，并开始向三线城市延伸。9 月 19 日，顺丰优选厦门仓投入使用，生鲜配送范围扩展至 54 个城市。11 月 11 日，顺丰优选海购平台"优选国际"上线，销售奶粉等海外原装进口食品。

（4）2015 年 5 月 5 日，顺丰优选与母公司线下门店"嘿客"联动，开售嘿客商城商品，推出开放平台。

（5）2016 年 9 月 22 日，顺丰集团所有线下门店统一更名为"顺丰优选"。

（6）2017 年 2 月 24 日，母公司顺丰速运更名为顺丰控股股份有限公司，在深圳证券交易所上市（简称：顺丰控股，交易代码：002352）。据 2017 年 7 月公布的数据，顺丰优选在全国已开设 1 600 多个社区店，仅在北京就有 60 多个店铺。

（7）2019 年，顺丰优选在全国多地关店调整，退出了华东、西南市场，保留北京、广东、广西等地的社区门店，并计划将超市店作为未来发展的主力店型。9 月 25 日，首家顺丰优选超市在佛山正式开业，占地面积近 300 平方米，并且在社区门店基础布局上对生鲜区进行扩展，新增了鲜肉禽、水产区域并进一步扩大果蔬产品规模。

（8）2021 年 2 月，顺丰优选的线上商城更名为"优选特惠商城"。

（9）2022 年，顺丰优选开设电商直播，并与顺丰同城和顺丰速运系统建立紧密合作关系。在顺丰速运 App 主页上设有"买生鲜水果"栏目，顾客可从此入口下单。

（10）2023年10月26日，晋陕豫电子商务合作发展高峰论坛在山西省运城市临猗县举行，顺丰集团特色经济板块负责人郭翔兵围绕"乡村电商＋快递物流"融合发展模式作了专题发言，并提到了助力农产品上网进城。

第二节　品牌标识与市场定位

一、品牌命名与标识

"顺丰优选"品牌名称中，"顺丰"来源于母公司"顺丰速运"；"优选"意味着精细严格的专业态度。顺丰优选品牌LOGO如图9-1所示。图形标识由"SF"衍生出圆点与弧线，形成充满亲和力的图案。圆圈外面的红色线条代表阳光，充满激情；圆圈的绿色代表新鲜；橙色代表活力。英文字母S、F既是"顺丰"二字汉语拼音的简写，又是单词"Service"和"FIRST"的首字母。"FIRST"即顺丰核心价值观的英文简写，分别代表诚信（Faith）、正直（Integrity）、责任（Responsibility）、服务（Service）、团队（Team）。整个LOGO造型饱满，流畅而富有新意。

"顺丰优选"四个汉字并不是标准的某种现有字体，而是品牌专属的"顺丰体"，汉字下面是顺丰优选的网址"sfbest. com"。

图9-2是顺丰优选线下门店牌匾，除了没有显示网址"sfbest. com"，其他与图9-1完全相同。

图9-1　顺丰优选品牌LOGO

图9-2　顺丰优选门店牌匾

顺丰优选的吉祥物和形象代言人是大嘴犀鸟YUP（中文名：雅扑），这只来自热带雨林的美丽大鸟又被称作爱情鸟，她外形靓丽，内心细腻，崇尚简单自然、时尚而健康的生活方式，她将用那巨大而灵巧的嘴巴尝遍世界美食，优选最好的美食带给大家（如图9-3）。

图9-3　顺丰优选的吉祥物大嘴犀鸟

二、市场定位

1. 品牌核心价值

顺丰优选以"优选商品，新鲜到家"为核心价值观，致力于为消费者提供新鲜、优质的食品，借助顺丰速运集团强大而高效的物流配送能力，旨在打造生鲜电商第一平台。

在冷链配送有保障的情况下，顺丰优选将主要精力放在了对上游供应商的把控上，如与地方政府及大型企业合作，销售当地美食。顺丰优选也会鼓励顺丰速运在各地的快递员推荐当地美食，由顺丰优选采购人员对美食进行调研和资质审核后，在顺丰优选的平台上将其销售出去，再由顺丰速运将商品配送到用户手中。

2. 品牌产品主要特点

（1）产品价位中高档。顺丰优选平台上近一半商品都是进口商品，并以进口生鲜品为主，顺丰优选在选择这些商品时瞄准中高端食品，产品整体的售价偏高。这样做有利于顺丰优选与其他电商形成差异化优势，通过提供高品质食品和快速配送，培养消费者的忠诚度。

（2）产地快速直送。即将产地最新收获的食材利用顺丰速运物流体系，快速送达消费者手中。产地快速直送确保了顺丰优选的生鲜供应品质，创新了生鲜电商的供应链模式，有着提前预售、快速物流、稳定把控、全面采购的优点，打造出"快时尚"的生鲜供应链服务体系。

（3）O2O营销模式。顺丰优选是最早应用O2O营销的生鲜电商，曾在生鲜荔枝营销中一举成功。即通过在人口密集的地铁、商场向顾客赠送免费生鲜荔枝，顾客网上下单后即可快速配送到顾客手上，实现生鲜果蔬线上线下协同营销。

（4）全程冷链物流。实现对生鲜食品从田间到餐桌的全程冷链物流，保证生鲜美食品质无忧。

3. 市场定位策略

顺丰优选的目标消费群体为20～35岁、注重食品品质、追求绿色环保的都市白领、大学生、美食爱好者、对新鲜食品具有较高要求的人群或一些不爱外出的网购一族等。平台以足不出户就能享受全球美食为宣传点，其主要宣传亮点有"海外进口商品""原产地直接采摘销售""专业冷链物流"等。

顺丰优选电商平台以物流优势为基础，逐步渗透生鲜电商领域。先试水常温高端食品，再布局低温生鲜市场。物流布局方面，先布局一线城市，再渗透二、三、四线城市。

第三节　品牌营销策略

一、主要营销策略

1. 速度营销

顺丰优选进场的底气来自母公司顺丰速运的"速运"二字。以"高端电商食品超市"作为自身定位的顺丰优选，上线之时即以生鲜日配为主要卖点。虽有后来者京东生鲜和阿里巴巴生鲜奋起夹击，但顺丰优选自孕育之时就具备了"速度基因"，将其与其他生鲜电商有效区分开。

2. "时令食品"营销

针对各种节假日，特别是网购节如"618""双十一""双十二"等，顺丰优选也因时而动，推出"时令优选"板块，供顾客选购节日、时令、产地特有等特色优质商品，并快速配送到顾客家。顺丰优选"时令优选"商品起初在线下经营，过硬的质量已赢得卓越口碑，后移植到网上商城供客户选购，遵循产地直采、礼盒包装、品质保证等原则，凭借顺丰速运集团的物流配送体系，提供高品质、高时效的礼品服务。其中，力求原产地直采，省去中间多道环节，以最快速度将最新鲜、最优质产品运送至消费者手中，突破以往电商和传统企业运营模式。

3. 名牌产品抢购营销

顺丰优选与茅台酒厂合作，推出优惠价抢购茅台酒活动。一般每天抢购时间是上午 10 点到 10 点半抢 1 499 元的飞天 53% vol 500mL 贵州茅台酒（带杯），需要先预约，前一天的 12 点到 21 点前预约有效；每周四 11 点到 11 点半还有 53% vol 500mL 贵州茅台酒（精品）的抢购；每周五 11 点至 11 点 30 分抢购 53% vol 500mL 贵州茅台酒（辛丑牛年）。都要先预约，而且都是前一天的 12 点到 21 点预约。

通过抢购茅台酒，既宣传了顺丰优选平台，也促进了平台其他品牌产品的销售。

4. 加盟店营销

顺丰优选通过招收加盟商，发展线下门店，从而快速做大生鲜电商业务。至 2023 年底，据不完全统计，顺丰优选加盟店有 439 家，其中华南地区门店占 60% 以上。顺丰优选加盟条件主要有：①本人身体健康，有从事的激情和热情；②认可并接受顺丰优选的经营理念和模式，有志于创业投资；③执行和遵循顺丰优选的各项经营管理体系；④具有独立法人资格或经济实力较强的自然人；⑤具有良好的合作意识、良好的商业信誉；⑥具有投身行业的自信。

5. 会员制营销

顺丰优选通过吸引会员注册，并给予会员各种优惠，从而稳定消费群。例如参与茅台抢购活动的资格要求注册会员大于等于 30 天，完成实名认证且年满 18 周岁，相同 ID 会员每月可抢 2 瓶（含茅台系列酒），单次不超过 2 瓶。针对高消费家庭会员，顺丰优选推出高端家庭蔬菜宅配卡定制预售服务。另外，顺丰优选经常为会员提供新鲜时令水果优惠活动等。

6. 特色农产品馆营销

顺丰优选整合顺丰速运、地方政府，构成"三位一体"运作平台，以推销地方特色农产品。具体做法是：①采购环节：与地方政府合作（地方特色馆），由地方政府进行品牌背书，负责推荐当地安全优质的食品供应商并提供政策支持，产地直供，取消中间环节。②运营整合：顺丰速运的地方工作人员帮助进行商品甄选和供应商审核，并通过顺丰的快速物流进行商品配送。③营销方面：顺丰优选提供商品销售和推广平台。

目前，顺丰优选已上线湖南、金华、厦门、新疆、宁波、云南、大连、北京、安徽、吉林等地方特色馆，这是继淘宝之后第二家上线地方特色馆的电商平台。

7. 跨界营销

顺丰优选大力尝试跨界营销，例如，与神马专车牵手，以"优选√生活，头等舱出行"为主题合力打造了"头等舱"移动零食铺，利用"出行＋美食"的场景化营销带给用户对品质生活的新体验，两大品牌在获得曝光的同时，更是收到了乘客们的满满好评。

顺丰优选还与雕爷牛腩餐厅、海底捞、荔枝 FM 等联动，成功打通多渠道，吸引更多潜在客户。

8. 社区门店和超市店营销

顺丰优选提供线下社区门店和超市店内商品展示、现场下单、生鲜包裹中转、售后等服务，为社区消费者提供优质的购物体验。特别是新品尝鲜体验，很受顾客欢迎，起到有效促销的作用。例如，进口的阿拉斯加黑鳕鱼、新西兰羊腿、法国红酒、智利车厘子等，通过免费试吃，很快打开了销路，也扩大了顺丰优选的知名度。

9. 网络促销

顺丰优选定期和不定期开展网上限时抢购、手机摇优惠、限时满减、老拉新优惠、会员福利活动、App 专享优惠等，很大程度上促进了销售。

10. 直播营销

顺丰优选的直播商品大多是新鲜果蔬产品，每当新产品上市，顺丰优选直播平台就会吸引大量消费者观看下单。顺丰速运的时效性和服务质量长期以来就为消费者所认可，这为其直播电商业务的顺利开展提供助益。

顺丰在农产品领域深耕多年，搭建起了较为完善的供应链，能够为其直播带货业务的推进提供重要支撑。顺丰在田间地头建设了农产品集收点、研发投入适应小批量分拨运输的移动分拣车、建设贴近产地的生鲜预处理中心，并在特色农产品丰收季调配专用冷藏车辆、专属全货机及多种运力资源等方式，持续提升自身在农产品流通过程中的交付速度。而顺丰在农产品领域的布局，也成为其开展直播带货业务的基础。

顺丰的品牌优势，自带的物流优势，都有助于其直播电商业务的开展。

二、不同发展阶段营销策略

1. 市场导入期

这一阶段是从 2012 年 5 月顺丰优选电商平台正式上线到 2014 年业务开始全面渗透全国主要大中城市。在这一阶段，顺丰优选做的主要是"电商搭建"，完成与母公司资源对接，充分利用母公司既有快件客户引流，开拓市场，扩大市场知名度。

为了最大化利用顺丰速运资源，母公司选派副总裁李东起担任顺丰优选负责人，虽然李东起并不完全懂电商，但他的优势在于能够根据电商业务需求调用顺丰飞机和各种运输工具、装备。在李东起负责顺丰优选业务时期，顺丰优选迅速走出北京，在上海、广州、深圳等地推出常温食品配送服务。

2. 快速发展期

这一阶段是从 2014 年开始布局线下门店到 2019 年收缩调整线下门店，整合 O2O 运营体系。在这个阶段，一方面开设线下门店，充分整合顺丰集团资源进行市场快速扩张；另一方面，就是为顺丰集团发展电商物流做"流程体验"，积累经验为其他电商客户提供物流服务，顺丰集团希望以顺丰优选作为新业务探索者切入电商赛道，以快递企业的身份分一杯羹。

2014 年，顺丰集团聘请凡客前高管崔晓琦接手顺丰优选业务。这一年顺丰优选在母公司支持下，正式推出线下门店"嘿客"，随后，在短短 4 个月里，"嘿客"在全国开了 2 000 多家，这种扩张速度，也可以看出母公司创始人王卫对新零售行业的野心。2014 年 9 月，结合顺丰优选生鲜食品电商业务，顺丰集团孵化出了"顺丰冷运"品牌，为生鲜食品电商提供"一站式供应链解决方案"。顺丰冷运除了为顺丰优选服务，还为天猫等电商平台提供物流配送服务。

为寻求发展突破点，顺丰优选加入跨境电商队伍，专门注册海外公司，以"奶粉"品类进行跨境电商尝试。2014 年 11 月，顺丰优选跨境电商网站上线，为用户提供英国、荷兰、意大利等国家的价廉物美奶粉，以及其他国外的优质保健食品。崔晓琦表示，由于顺丰优选与海外经销商直接合作，所以产品本身有一定利润，但运营环节费用非常高，比如进入海关会有 10% 左右的行邮税等；但顺丰优选希望尽力把价格做得更低，以此来推广品牌及抢占市场，所以暂不考虑盈利问题。

2016 年，顺丰集团将线下门店"嘿客"全部转型为顺丰优选，并统一门店招牌，走向社区生鲜零售之路。顺丰优选网上平台与线下门店实现联动。2017年，顺丰优选以"快递＋便利店"的加盟模式在全国跑马圈地，原计划一年内要达到 4 500 家线下店，实际发展了 1 600 多家。顺丰优选通过线上与线下业务联动发展，规模扩张很快。2018 年度顺丰控股实现营业总收入 909.43 亿元，较同期增长 27.6%，其中顺丰优选贡献收入约四分之一，但利润贡献为负数。

3. 稳定发展期

鉴于线下门店大多数处于亏损状况，顺丰优选 2019 年开始在全国多地关店调整，仅保留北京、广东、广西等地的社区门店，并将超市店作为未来发展的主力店型，顺丰优选进入稳定发展阶段。

随着线上线下业务和资本的相互融合、促进，实体与电商的界线慢慢模糊。顺丰优选推出全新业态"超市店"也是为了提高核心零售能力，在线上线下进行多业态布局。2019 年 9 月，顺丰优选在佛山开设了首家超市，通过社区门店、互联网、App、微信、小程序等多渠道服务触达消费者，为用户提供 3 公里以内、最快 30 分钟到家服务，全面进行社区零售数字化改造，促进整个供应链的质量效率、体验效率、成本效率进一步改善和提高。

顺丰优选还推出了团购小程序"顺丰优选团"，试水新的消费模式。优选团小程序以 App 作为后端渠道平台，以小程序作为前端购买渠道，以甘孜松茸、奶黄流心月饼、猫山王榴莲、进口车厘子等"网红爆品"打开销路，在平台、团长、用户之间建立有效连接。据介绍，结合产地直采的优势，一方面顺丰优选团构建起一种轻应用的生意模式，让更多新招募的社区团长能够"在家开店"或是"兼职开店"；另一方面，在未来，顺丰优选也可结合线下近千家门店，整合多个社区社群资源，提供线上购买、线下自提或门店直购等线上线下多渠道的便捷购物方式，以更加简便轻捷的方式进行集中化管理运营。

第四节　品牌建设主要经验

一、充分利用物流配送优势

顺丰速运在快递物流行业深耕多年，在冷链物流领域也早早布局，其快递服务以安全、快速在广大用户中拥有良好的口碑。顺丰优选借助强大的物流配送体系，致力于生鲜食品电商，以"新鲜到家"作为核心经营理念，服务消费者。

顺丰速运的物流业快递已处于金字塔顶端，从国际快递业发展历程来看，专业的快递企业向综合物流、供应链延伸是行业发展趋势。所以，顺丰速运进入电商行业，也是为了开拓新的业务，为整个顺丰的快递业务带来更大增量。而且，顺丰集团对 11 亿使用过包裹服务的人群进行大数据分析，再通过"App + 微信 + 17 万快递员"的精准营销，从而赢得更多的商机。

顺丰速运拥有几十万的快递员，这是顺丰优选线下的重要地推队伍，是其他所有电商都不具备的独特资源，最重要的是，使用顺丰的用户都是中高端用户，精准贴合顺丰优选的目标群。

二、O2O 整合营销

顺丰优选拥有社区标准店、超市店和 CBD 店（商务中心区商店）三种业态门店。其中，社区标准店重点布局社区场景，提供线上下单、门店自取及送货到家服务，另外还可进行社区拼团，进入"顺丰优选团"小程序。CBD 店则定位办公楼商圈，除标准品类，新增了简餐服务。顺丰优选通过母公司强大的客户信息管理系统和大数据分析，将线下门店与线上商城整合在一起，实施 O2O 整合营销。

顺丰优选 O2O 模式在货品供应上重点有两个来源：一是新鲜食品，主要来自农地直采；二是进口食品，特别是新鲜水果。顺丰优选门店起初主要开设在城市居民小区，但通过大数据分析，农村电商是一个超级大市场，所以在农村中心镇街开始布局门店。农村电商在城镇化发展的推动下，商机已经非常明显，拥有物流配送优势的顺丰速运正与顺丰优选探索未来农村电商 O2O 的购物体验。

三、实施多种营销方式

顺丰优选在母公司的支持下，不断探索适应环境变化的营销策略。

一是利用已有用户群。顺丰速运是最早重视微信的快递企业，在微信下单、查件、快递员追踪等方面表现出色。2013 年顺丰速运的包裹业务量超过 10 亿件，10 亿件包裹覆盖了多数的高端用户，而且他们已经通过微信体验，这是顺丰优选移动终端营销的重要平台。

二是利用顺丰速运快递员发放传单、推广 App 和开展各种地推活动。

三是利用线下门店。顺丰优选线下门店统一装潢，统一品牌标识，统一供货。在营销方面的突出特点就是：免费品尝，即时网上下单，快速配送到家。线下门店促销与线上订购紧密结合，使顺丰优选电商市场不断扩大。

四是尝试各种跨界营销，比如与餐饮店、出租车公司、航空公司、交通信息电台等联合营销，取得了"1＋1＞2"的效果。

五是积极探索农产品直播营销。顺丰在农产品领域深耕多年，搭建起了较为完善的供应链，能够为其直播带货业务的推进提供重要支撑；顺丰的品牌优势，同样有助于其直播电商业务的开展；顺丰自带物流优势，能够为自家直播带货业务提供物流保障。值得一提的是，顺丰的直播带货产品大都是生鲜、水果，而要想生鲜、水果等农产品的损耗率保持在较低水平，通常需要冷链运输，顺丰则能够以自身的冷链物流优势为依托，为消费者带去更加快捷、新鲜的水果等农产品，进一步优化消费者的物流体验。

四、特色农产品馆模式

顺丰优选特色农产品馆是顺丰优选、顺丰速运、地方政府联合打造的新型地方农特产运营模式。顺丰优选整合了顺丰速运及地方政府资源：地方政府提供商品品牌背书，负责推荐当地安全优质的食品供应商；顺丰速运的地方工作人员帮助进行商品甄选和供应商审核，并通过顺丰的快速物流进行商品配送；顺丰优选提供商品销售和推广平台。这种运营模式实现了"三位一体"联动，最大限度减少了中间环节，保障了食品安全与食品质量，取得了多赢的电商化运营效果。

特色农产品馆中上线的均为产地直采商品，在顺丰优选各地农产品馆中，可以看到如陕西洛川苹果、新疆哈密瓜、宁夏枸杞、山东烟台大樱桃、山东蒙阴蜜桃、海南无核荔枝、江苏大闸蟹等，用户在顺丰优选网站下单后，商品在48小时内从产地直接运到用户手中。顺丰优选将特色农产品馆作为实施乡村振兴战略的重要抓手，打造特色农产品经济的产业链，在产业集群地举办展会、推介会、开采节等活动，通过多样化媒体同步曝光，让更多地方特色农产品被消费者知晓，切实帮助区域农产品提高品牌议价能力，辐射带动农民增收、农业增效，让农民更有干头，乡村振兴更有盼头。

参考文献

[1] 崔梅. 电商、物流跨界的对比分析：以京东物流和顺丰优选为例 [J].

商场现代化，2014（15）：35－36.

［2］牟小姝．顺丰优选：一个快递电商和"新生儿子"的故事［J］．中国商人，2014（2）：54－57.

［3］罗芳茜，王明宇．我国生鲜电商发展现状及行业前景分析［J］．中国商论，2015（20）：63－45.

［4］王宇新．顺丰 布局全渠道O2O社区大平台［J］．中国连锁，2016（12）：38－40.

［5］胡晓．生鲜O2O商业模式探析：以"顺丰优选"为例［J］．商业经济研究，2017（20）：122－124.

［6］唐学思，曾雄旺，李欣怡，等．B2C－C2B－O2O：顺丰优选商业模式的新征程［J］．中国商论，2017（22）：1－3.

［7］石章强．疫情之下：再看O2O［J］．销售与市场（管理版），2020（3）：23－26.

［8］王彤．顺丰生鲜O2O业务运营模式探究：以顺丰优选为例［J］．中国市场，2020（24）：167－168.

［9］廖年年．生鲜电商商业模式研究：以每日优鲜、永辉超市、顺丰优选为例［D］．北京：北京化工大学，2021.

［10］顺丰速运官方网站．https：//www.sf－express.com.

［11］蔬东坡．顺丰优选是什么？它的运营模式是？［EB/OL］．https：//www.sdongpo.com/xueyuan/c－10381.html.

［12］顺丰优选怎么样 顺丰优选品牌发展故事［EB/OL］．http：//www.mz-pp.com.cn/news/pinpaigushi/22558.html.

第十章
美团旗下的配送一体化社区团购网店——美团优选

案例简介

"美团优选"是美团旗下的社区团购业务，美团优选 App 于 2020 年 7 月正式上线，采取"网上预购＋次日自提"的模式，赋能社区电商便利店，为社区家庭用户精选高性价比的蔬菜、水果、肉禽蛋、酒水零食、速食冻品、粮油调味、家居厨卫等品类商品，满足家庭一日三餐和日常生活用品所需。其最大特点是产品质量有保障、价格普遍低于市场价。这种社区团购电商模式可以实现按需集中采购，减少商品的运输、存储时间，最大程度保障商品新鲜度且降低损耗，同时省去了"最后一公里"的配送成本，从而让利给消费者，使得商品更具价格优势。

美团优选品牌宣传口号是："美团优选——真的真的省"。目前，美团优选业务已覆盖华东、华中、华南、西南、西北、华北等地区，20 余个重点省份，300 余个地级市，2 600 余个县区。新冠疫情管控放开后，美团优选开始加大在县城及乡镇居民区布局配送提货点的力度。

2022 年 5 月，美团优选由"社区电商"转型为"明日达超市"，即以实惠的价格、次日即达的速度将网上订购的商品送到用户所在社区的提货点。美团优选与传统电商和即时配送电商有所区别，定位为新型社区团购电商，既能满足消费者对于价格和便利性的需求，也能拓展美团的业务范围和深度，虽然目前还未赢利，但通过不断优化商品品类结构和物流配送体系，其规模仍在快速扩张中，效益也在不断提升。

第一节　品牌产生背景及发展情况

一、品牌产生背景

2010 年 3 月 4 日，美团网于北京成立，由校内网、饭否创始人王兴创办，是国内第一家团购网站。美团的服务宣传宗旨是"吃喝玩乐全都有""美团一次美一次"，总部位于北京市朝阳区望京东路 6 号。

2018 年 9 月 20 日，美团正式在港交所挂牌上市。

创始人王兴看到了社区团购巨大的市场需求前景，于 2020 年 7 月在美团公司旗下成立了"优选事业部"并推出"美团优选"，从而进入社区团购赛道，重点探索社区生鲜零售业态，推动生鲜零售线上线下加速融合。美团优选平台由美团高级副总裁陈亮负责，重点针对下沉市场，在本地生活服务领域开辟一个新的电商场景。

美团优选主营社区团购业务，采取"预购 + 自提"的模式。该模式可实现按用户需求集中采购，并减少商品的运输、存储时间，最大程度保障商品新鲜度且降低损耗，同时省去了"最后一公里"的配送成本，从而让利给消费者，使得商品更具价格优势。美团优选通过优选团长和用户沟通，美团公司提供平台服务支持，优选商家提供货品，用户拼团成功后，由美团方从商家提货送到团长指定自提点，由团长分发货品，从而完成交易。

用户可在每天 0 点到 23 点通过美团优选微信小程序、美团优选 App、美团 App "美团优选"频道下单，次日到门店或团长处自提，最早中午前就可收到商品。在购买、收货过程中遇到问题，用户都可通过团长解决，美团优选提供 100% 售后支持。

在新冠疫情期间，美团优选这种社区电商模式受到很大影响。直到 2022 年底新冠疫情缓解，美团优选才开始逐渐恢复并走上快速发展轨道。

二、品牌发展情况

美团优选自 2020 年 7 月成立以来，因其物美价廉的社区电商经营模式，虽然受到新冠疫情防控的很大影响，但与一般线下商店经营相比仍有一定发展，特别是新冠疫情缓解后其发展速度很快。

美团优选品牌发展过程中的重要时期和事件：

（1）2020年7月7日，美团发布公告称，将成立"优选事业部"，进入社区团购赛道。7月12日，美团优选在山东济南召开团长签约及首次见面会，300多位济南本地社区便利店店主正式签约首批团长，7月15日，"美团优选"率先在山东济南上线。8月22日，美团优选在武汉正式上线，成为全国第二站，上线仅一周，日销售量已突破5万件。9月1日，美团优选宣告正式进入广东，率先在广州上线。9月3日，美团优选推出"千城计划"，旨在于年底前实现全国覆盖，并逐步下沉至县级市场。9月8日，美团优选落子成都，正式进入西南地区。9月15日，美团优选上线山东淄博、泰安。

（2）2021年2月3日，美团优选发布《社区电商疫情保供配送服务规范》；该规范从供应商管理、分拨中心配送流程、交付环节无接触自提、疫情下退货流程等方面明文界定了社区电商在疫情防控期间保供配送服务过程中的操作规范。同年5月，郑州市团委与美团优选合作，在郑州市实施了首个社区青年志愿服务站项目，并向首批遴选出的社区电商"团长"青年志愿者进行了授牌。

（3）2022年10月，美团优选将品牌定位从"社区电商"调整为"明日达超市"，并推出全新品牌口号——"真的真的省"。11月15日，美团优选发布品牌广告片《明天一定到》，影片根据真实内容改编，强调美团优选"明日达超市"的全新定位和其背后的明日达履约承诺。2022年12月30日至2023年1月28日，美团优选"明日达超市"参加了由商务部、中央网信办、工业和信息化部、市场监管总局、国家邮政局和中国消费者协会共同指导的"2023全国网上年货节"活动，助推特色年货以实惠的价格、明日达的速度送达城乡消费者手中。

（4）2023年5月15日，美团优选业务开始了新一轮调整。主要是以省区替代大区制，并给予省区负责人运营决策权，自负盈亏。据统计，同年6月底，美团优选用户规模已达4.7亿，美团优选已经成为美团本地商品零售的基本盘，随着全国市场布局基本完成，美团优选战略逐步聚焦"深耕区域，激活存量，持续下沉"。

第二节 品牌标识与市场定位

一、品牌命名与标识

"美团优选"，顾名思义，就是为用户精心挑选出品质有保障、口碑良好、价格优惠的食品及日常生活用品等。美团优选品牌 LOGO 如图 10-1 所示，即黄色购物袋加笑脸的标志性形象。为突出美团优选"当日下单，明日送达"的核心经营理念，2022 年 10 月，美团优选品牌 LOGO 又做了修改，添加了"明日达超市"字句，如图 10-2 所示。

图 10-1 美团优选 LOGO   图 10-2 修改后的美团优选 LOGO

在美团 App 首页，用户只要点击美团优选标识就可以进入美团优选频道，选择自己所需要的商品。通过美团 App 平台购买生鲜食品的渠道除了"美团优选"，还有"小象超市（原美团买菜）"，后者定位于即时零售业务。美团优选的最大特点是社区电商，即"预购+自提"经营模式，其同类产品价格比小象超市要便宜很多。

二、市场定位

1. 品牌核心价值

美团优选的核心价值是为社区团购用户提供性价比高、便捷的生鲜电商食品等。其品牌宣传口号是："美团优选——真的真的省。"在其短短三分钟的广告视频《真的真的省》中，弘扬中华民族"省"的文化："节省"没有那么难做到，也不代表站在物欲的反面，而是一种自然发生的、与你、与我、与过去和将来之人相关的传统基因。美团优选主张"便宜有好货"。

美团优选的使命是"帮大家吃得更好，生活更好"。

2. 品牌产品主要特点

（1）美团优选，物美价廉。因美团优选采用了"预购＋自提"的模式，"预购"实际上就是社区团购或拼单，这样就可以做到集中采购，降低了商品的进货成本，统一送达提货点又降低了物流成本；"自提"则节约了送货上门的配送成本，从而实现了价格上的优势。美团优选平台上所提供的商品，都是来自经过筛选和资质鉴定的供货商。

（2）当日下单，明日自提。用户可在每天0点至23点通过美团优选微信小程序及美团优选App下单，次日前往指定提货点（门店）提货。

（3）平台保证，售后无忧。如果消费者购买的商品有任何问题，都可以联系社区团长，团长将为消费者妥善处理。同时美团优选平台提供100%售后支持。

3. 市场定位策略

美团优选主要针对下沉市场。2022年后，美团优选开始加大在县城及乡镇居民区布局配送提货点的力度。

第三节　品牌营销策略

一、主要营销策略

1. 社区团长制度

美团优选在进入一个新城市社区时会招募一批业务开发人员，这些人员会在固定地点对路人进行宣传，发放传单，并邀请他们加入美团优选，从中选择社区团长。

美团优选会培训新团长，包括管理社群、带货和拉新技巧。通过团长的人脉资源，进行第二次分销裂变，形成更庞大的团长队伍。

美团优选采用团长等级制度和团长激励制度，根据团长的能力和资源对他们进行分级，并按照工作量分配奖励，以留下优秀的团长。

2. 强大的供应链管理系统

美团优选采用了"自建+外包"供应链管理系统。供应链管理的主要环节包括商品选品、采购、库存管理、物流配送等。在商品选品阶段，美团优选深度挖掘消费者购买需求，定期调整商品种类和数量。在采购环节，美团优选与大量优质供应商合作，利用大数据及市场趋势分析调整采购量。美团优选社区团购依赖于强大的物流配送系统，保证了商品的新鲜和配送的及时，赢得了消费者的信任和好评。

3. 低价策略

美团优选由于采取"团购+自提"的经营模式，实行批量采购和集中配送，再加上用户在附近提货点自提，从而大大节约了商品成本，商品零售价格相对较低，而且经常推出优惠活动，所以吸引了大量消费者。美团优选有些提货点就设在农贸市场的店铺和社区日杂商店里，一些商品价格比店铺里的同类商品还卖得便宜，而且还是名牌产品。很多用户看到这种情况，就将原来在线下门店购买的商品转换到美团优选 App 平台下单，节省了不少费用。

4. 名人代言

美团优选曾于 2021 年 4 月，借势芒果 TV 热门综艺《乘风破浪的姐姐 2》成团之夜宣布数位明星成为美团优选代言人，借助热门综艺的巨大关注量吸引用户，借势宣传。

5. "双品网购节"营销

2019 年开始，商务部联合有关部门每年 4 月 28 日至 5 月 12 日举办为期 15 天的"双品网购节"活动。该活动以"品牌品质·惠享生活"为主题，旨在借助互联网电商平台，发挥电子商务平台的数字赋能与创新驱动力，为消费者线上线下消费提供便利，促进新型消费提质扩容，释放下沉市场消费潜力。

作为重点服务下沉市场的电商新模式，美团优选自 2021 年开始每年都参加"双品网购节"活动。美团优选联合各地优质品牌商家，通过多时段、多场景的商品促销活动，以及便捷的服务，激活下沉市场消费需求，并通过对接上游产区，带动各地特色产业、地标农产品打开销路。

活动期间，美团优选在全国范围内上线"双品网购节"主题活动，通过精选优质品牌商品、加大促销力度，以及联动"团长"做好各环节保障服务，确保活动顺利落地，提升用户的消费体验。并通过超值秒杀、天降神券、签到领鸡蛋、邀请赚钱、多天返多单等促销活动，以及直播带货等方式，提升消费者的参与积极性。

2023年4月28日至5月12日，第五届"双品网购节"顺利举办。美团优选在活动主会场设置"数商兴农"专区，充分发挥电商数据和场景优势，重点推动和产地特色商品、地标农产品商家合作，扶植一批优质地理标志产品和区域公共品牌产品打开销路。通过站内资源位、专区、打标、专属视觉设计、流量支持等手段对脱贫地区、乡村振兴重点地区给予支持，同时激发下沉市场消费潜力。五一促销期间，美团优选每日设置不同主题场景，选取不同品类打造重点活动：如超级秒杀、万人团、多品促销、快品类满减、品牌活动、大额券、安心购等多种补贴策略和营销活动。借助美团优选社区电商百万团长社群优势，以团长红包、天天领现金、小游戏、签到任务等方式激活社区用户消费，推动线上线下深度融合。

6. 春节年货营销

春节期间，年货采买成为各地消费者的刚需，美团优选抓住这一机会，为满足消费者新春佳节的采购需求，提供一站式年货购买服务。近几年美团优选每年都举办"年货狂欢节"活动，引入百万优质商户，为各地消费者提供高质量商品。同时美团优选开启全时段、全品类的促销狂欢，为消费者提供"便宜买好货"的服务。

2022年1月10日至2月15日"年货狂欢节"活动期间，美团优选为了保证稳定供应，在全国2 600个市县正常提供服务并且加强各地商品供应和物流配送服务，以保障次日达履约效率。

美团优选数据显示，"年货狂欢节"活动期间蔬果、粮油、肉禽、蛋奶等农产品销量走俏，其中，"安心购鲜猪肉"品类涨幅最为明显，其销售额环比增长超三倍。"兴农专场"的农产品同样受到消费者青睐，如安徽长丰红颜草莓、广西北海金鲳鱼等原产地好货，通过美团优选的次日达物流供应体系纷纷走上全国城乡消费者的餐桌。不能返乡的消费者也可以通过网购为家乡的父母筹备年货。十月稻田、金龙鱼、海天等品牌米、面、粮、油是"年货狂欢节"期间子女为父母下单的热门商品。

7. "无间断水果节"营销

在水果生产消费旺季，美团优选开启"无间断水果节"，每月精选当季优质、实惠、消费者需求较高的水果，从田间地头新鲜直采，发往城乡居民团购社区。

一些在大城市上班的年轻人，乐于将自己爱吃的水果，下单到老家父母附近的团购点，再由热心团长提货给父母，这就是"孝心单"。相比 80 后，90 后更乐于远程给父母下"孝心单"。21~26 岁的年轻人，占"孝心单"下单人数的三成。水果成为"孝心单"第一选择。且年轻人给父母买水果，比自己买水果更舍得花钱。

目前，每月有超过 150 万"孝心单"带着思念穿梭在祖国大地上，美团优选的乡村团长，成为亲情的见证者和传递人。为更及时传递亲情，美团优选从产品和服务两方面升级、改善：在子女购买比较多的类目中，上线"孝心优选"商品；子女设置好父母家地址，可以一键下单。团长接到订单后，会优先分拣，给取货不便的老人送上门。

2021 年 5 月 8 日，美团优选开启"热带水果节"，联合主流进口水果商，依托"农鲜直采"计划，加大源头直采力度，以科技创新助力热带水果销往全国，让更多国人享受"热带水果自由"。此后，美团优选助力农产品品牌"触网"，海南芒果送上青藏高原仅需"一夜之间"，广东荔枝、龙眼等新鲜佳果通过飞机运输直达北京、天津、沈阳、哈尔滨等北方大城市，越来越多的"网红"水果搭载美团优选送货车，踏上"穿越中国的旅途"，为城乡居民添口福。

二、不同发展阶段营销策略

1. 市场导入期

这一时期是从 2020 年 7 月美团优选 App 上线到 2022 年 12 月。在这一阶段，由于受新冠疫情影响，美团优选的"社区团购＋自提"模式受到较大限制，发展很不稳定。这一阶段主要实施了以下营销策略：

（1）上线美团优选 App，建立商品供应链和物流配送体系。

（2）招募团长。通过招募人员开展商务拓展活动实现团长招募。积累第一批团长之后，实行团长推荐制，进而实现裂变式增长。

（3）为社区团长提供管理工具——"美团优选团长端"小程序。团长可以通过小程序轻松管理会员和团队，该小程序包含了订单、物流、资金账户、提货通知、商品分享、团长学院、群销工具、客服、服务中心等服务。

（4）打通美团渠道。即理顺了美团优选平台和美团 App 的连接，既可以登录美团优选 App，也可以从美团 App 平台进入美团优选，实现与美团大平台资源共享。

（5）各种节庆活动促销。如"双品网购节""618 购物节""双十一节""双十二节""春节年货节"等，美团优选都会积极参与，推出各种购物优惠。

2022年4月，因新冠疫情形式严峻，美团优选关闭了北京地区业务，西北地区包括甘肃、青海、宁夏、新疆四个省（自治区）的业务也陆续关闭，只有陕西大本营得以保留。

2. 快速恢复期

从2022年下半年新冠疫情缓解后，美团优选进入快速恢复期。这一阶段主要实施了以下营销策略：

（1）限时秒杀。美团优选小程序有一个非常抢眼的"优选万人团"板块，写着"好货限时抢"的标识。该板块每日推出一款折扣爆款产品，标出原价及折扣价，用优惠价吸引用户下单。与一般的团购活动不同的是，该团购吸纳订单数量可达10万多单。每日一款优惠爆品，走薄利多销的路线，不只带来庞大的订单，也保障了用户活跃度。

（2）分时段秒杀。美团优选的秒杀活动，设置了7个时间点，分别是0点、8点、10点、12点、14点、17点、19点。从8点开始，每间隔两小时放出一波团购商品。如此密集的时段，可以让用户时不时到平台查看秒杀商品，让用户把注意力和时间放在平台上，进而养成购物习惯。分时段秒杀的团购商品信息全透明化（几点秒杀几款产品全部清晰列出来），用户可以事先浏览商品秒杀情况，选择自己感兴趣的商品，到点开始抢购。这也能起到吸引用户兴趣，提前预热商品的作用。

（3）爆品推荐。美团优选以一个商品品类/分类推一个爆款商品的原则推荐商品，而不是一次性列出商城的热门商品。这有利于激发用户的需求，当用户对该分类感兴趣，但又对推荐的商品不满意时，会被顺势引导点入对应的商品分类，在分类中寻找自己需要的产品。

（4）发放优惠券。每周一和周五美团优选通过增加全场优惠券和品类满减券的发放频率，进行平台冲量促销活动。

（5）积极参与商务部启动的"2023年全国网上年货节"。美团优选于2022年12月30日至2023年2月5日期间，开启"年货节"促销活动，覆盖小年、除夕、元宵等不同年节场景，充分匹配消费者的返乡购置年货、家庭团圆宴、走亲访友、拜年等场景，助力消费者"花小钱过大年"。此外，平台为保障年货买得到、买得省，还在春节前夕增派物流运输及分拣人员，鼓励更多自提点店长在春节期间持续经营，同时加大高性价比的节日礼盒、特色年货、生鲜果蔬等商品供应。

2023 年 5 月 25 日，美团发布 2023 年度第一季度财报，在收入和利润方面都有不错的表现。美团优选等新业务一季度实现收入 157.3 亿元，同比增长 30.1%，一季度新业务的经营亏损同比缩窄了 40.5%，幅度大于收入增加的幅度，这说明美团在新业务上的降本增效措施成效显著，新业务运营状况持续优化，运营效率持续提升。

2023 年 8 月 30 日，美团优选开始在一些城市社区推出"上午就送到"的配送服务，即从下午 4 点自提加速到上午 11 点。这一新举措，巩固了大多数老顾客，也吸引了一部分新顾客。

第四节　品牌建设主要经验

一、不断完善社区团购电商模式

美团优选平台利用美团物流配送优势实行"网上预购＋自提"经营模式，解决了物流配送成本高的问题，为用户提供物美价廉的生鲜日杂商品。美团优选由于拥有强大的物流配送系统和大数据管理系统，服务能力和水平不断提高。2022 年 5 月，美团优选由"社区电商"转型为"明日达超市"；2023 年 8 月，由"明日下午达"升级为"明日中午达"，产品品类逐渐增加到 3 000 个 SKU。这些进步都建立在出色的物流能力之上。

社区团购本质是一个 B2b2C 的平台业务模式，将大 B 端（供应商）、小 b 端（团长）、C 端（消费者）连接起来，利用大数据运算做高效匹配。而美团优选主要业务覆盖的是 b 端到 C 端。美团优选的业务一方面是美团入驻社区团购市场之举，另一方面其实是自身既有业务的保护伞。因为在现有的市场环境下，凭借美团自身优秀的 b2C 的同城平台运营能力，美团优选的社区团购优势还是比较明显的。美团优选通过提供更快、更多、更低价的服务来发展社区团购，并不断强化社区团购电商的优势。

二、深度优化供应链系统

美团优选注重与生产商、供应商建立长期稳定的合作关系，通过深度合作、共同研发等方式，实现了对供应链的深度优化。这种合作模式不仅保证了商品的品质，还能够有效地控制成本，从而让消费者获得更多实惠。

为了优化履约环节，美团优选一方面加大对司机和仓内作业人员的投入，提升运力和仓内生产力；另一方面优化上下游运输路线和仓内产能配置。配送系统在半年内实现了全链路的运转效率提升，商品从大仓到自提点的运输最快只需2小时。此外，美团优选通过加码冷链物流布局、优化本地化集采集配、缩短物流环节等方式，大大降低了服务和履约成本，在消费端做到了更高性价比和"同品更低价"。

三、采用先进的信息管理技术

美团优选还通过数据分析、智能推荐等技术手段，提高了商品的销售效率，减少了库存和运营成本。这些技术的应用，使得美团优选能够更好地满足消费者的需求，同时也能够保持价格上的竞争力。

在美团优选的背后，大数据的应用发挥了关键作用，主要表现在以下几方面：

其一，大数据分析帮助美团优选更好地理解用户需求和行为。通过对用户搜索历史、购买行为、浏览行为等数据的分析，美团优选可以掌握用户的消费习惯和喜好，从而为他们提供更精准的商品推荐和服务。例如，根据用户的购买记录，系统可以推荐用户可能感兴趣的商品，提高购买转化率。此外，通过实时监测用户的浏览行为，美团优选可以及时调整商品布局和推荐策略，提高用户体验和购买意愿。

其二，大数据分析在美团优选的供应链优化中发挥着重要作用。通过对销售数据、库存数据、采购数据等信息的实时监控和分析，美团优选可以预测未来市场需求和库存状况，从而制订更加精确的采购计划和库存策略。例如，当某个商品的销售量突然增加时，系统可以自动提醒供应商增加供应，确保货源充足。此外，大数据还可以帮助美团优选优化运输和配送路线，提高物流效率，缩短用户等待时间。

其三，大数据分析在美团优选的运营效率提升中也扮演着重要角色。通过对销售数据、人员数据、订单数据等信息的分析，美团优选可以评估各业务部门的运营状况，发现存在的问题并采取相应的改进措施。例如，通过分析订单数据，可以发现某个地区的订单量明显高于其他地区，这时企业可以考虑在该地区增加仓储和配送中心，提高服务覆盖范围。此外，大数据还可以帮助美团优选优化人员排班和调度，提高工作效率和降低成本。

四、严格把控商品品质

美团优选的价格优势并不是以牺牲品质为代价的。平台在采购商品时，会对生产商、供应商进行严格的筛选和审核，确保所售商品的质量符合标准。同时，平台还会对商品进行定期的质量检测和评估，及时发现并处理质量问题，保证消费者的购物体验。

美团优选为了把控商品质量关实施全程管理，其主要措施包括：①对供应商的资质进行审核，没有资质的供应商通常无法通过审核。②进行采购的时候，对供应商以及供应商提供的商品进行抽样检查、严格把关。③当商品上市之后，对商品评价进行监测，如果商品的差评数量比较多或者是被投诉的数量比较多，平台就会将商品下架，更换为更好的商品。④建立供应商商品质量保证制度，对商品质量问题和违规事件及时进行调查处理。⑤实行全员全岗位的质量管理制度。

五、实施多种营销策略

想要提高社区团购平台的业绩，合理地运用营销策略是必需的。美团优选在不同阶段使用不同的营销策略。在拉新阶段，通过新人专享商城提供低价产品吸引新用户下单；而在转化阶段则是通过第二件折扣等策略打造爆品，吸引用户下单；在留存阶段则通过会员卡营销、会员积分等策略帮助平台留存用户形成复购。

美团优选的主要营销策略有：①使用方便的手机App。将美团App、美团优选App、美团优选小程序连接在一起，实现多途径进入网络下单系统。②线下推广活动。如在固定地点摆放宣传牌、发放宣传单、赠送小礼品等进行App推广。③建立美团优选团长负责制。由团长建立社群并拉新，推出"优选万人团"限时秒杀活动。④不断优化网店商品信息，推送新商品。⑤通过美团骑手宣传推广。⑥在其他平台做广告。

六、不断完善售后服务体系

为了增强用户信任和提升购物体验，美团优选建立了完善的售后服务体系。无论是退换货、投诉处理还是用户咨询，美团优选都能迅速响应并提供解决方案。此外，通过定期收集用户反馈和评价，对售后服务进行持续改进和优化，不断提升用户满意度和忠诚度。

美团优选服务保障体系包括：①价格保护。在符合价格保护规则的情况下，如购买商品当日 23 点前降价的，可当日在"订单详情—价格保护"入口申请退还差价红包。②缺货退。购买后如发生商家缺货，平台办理退款。③闪电退款。这是为诚信用户提供的退款权益，用户申请退款后，经团长/平台审核退款通过后，享受闪电退款到账服务。④72 小时坏果包退。仅支持新鲜易腐冷冻类商品，在商品送达团长处的次日 0 时起 72 小时内，发现腐烂/变质等情况，提供有效凭证后，平台 24 小时内响应审核退款。⑤72 小时品质无忧。生鲜冷藏冷冻类商品，在商品送达团长处的次日 0 时起 72 小时内，发现腐烂/变质等情况，提供有效凭证后，平台 24 小时内响应审核退款。⑥7 天无理由退货。用户购买商品详情页带有"7 天无理由退货"标识的商品后，自商品送达团长处次日 0 时起 7 天内，商品满足退货条件（如商品包装未拆、配件完好等）且不影响二次销售，可申请 7 天无理由退货。

参考文献

［1］杨春．基于移动平台下的社区团购营销模式与管理研究［J］．经济管理文摘，2020（2）：191 - 192.

［2］王倩．美团优选：在乱而无序中"求生"［J］．商学院，2021（1）：13 - 15.

［3］范鹏．美团的星辰大海［J］．21 世纪商业评论，2021（5）：20 - 23.

［4］胡青．新零售背景下社区生鲜电商美团优选的运营模式分析［J］．才智，2021（9）：161 - 163.

［5］余飞．社区团购，属于互联网平台的新战斗［J］．中国储运，2021（4）：32 - 33.

［6］夏玫玫．从美团优选看社区团购［J］．中国储运，2022（4）：175 - 176.

［7］赵娜娜．社区团购的星辰大海：以美团优选为例［J］．物流科技，2022（5）：92 - 94，103.

［8］美团官方网站．https：//www.meituan.com.

［9］百度百科．美团优选［EB/OL］．https：//baike.baidu.com/item/美团优选/53860933？fr = ge_ala.

［10］从社区团购到超市模式：美团优选如何实现零售领域的巨变？［EB/

OL］. https：//www. sohu. com/a/729946594_ 120815710.

　　［11］品牌如何借势营销？美团优选给出了参考答案［EB/OL］. https：//
xw. qq. com/amphtml/20211220A02UFR00.

　　［12］美团优选年货节：五湖四海美食齐上桌 全国 2600 余个市县次日达
［EB/OL］. https：//xueqiu. com/6605720146/209971147.

　　［13］美团优选开启"无间断水果节"：送阳光玫瑰葡萄到城乡居民餐桌
［EB/OL］. https：//cbgc. scol. com. cn/news/1771908.

　　［14］一文讲透美团兴盛史（三）：社区团购［EB/OL］. https：//www. 163. com/
dy/article/GSD7J0330511805E. html.

　　［15］"鲶鱼"来了，美团优选该如何保持地位？ ［EB/OL］. https：//www. so-
hu. com/a/492380443_ 114819.

　　［16］美团优选是想"讲好故事"还是"做好业务" ［EB/OL］. http：//
k. sina. com. cn/article_ 1726276573_ 66e4e3dd02000stfn. html.

　　［17］社区团购升级：美团优选重新定位真省钱的"明日达超市"［EB/OL］.
https：//www. sohu. com/a/593526696_ 263944.

　　［18］美团优选"二次冲锋"：此番目标，收复失地［EB/OL］. https：//
www. 163. com/dy/article/IC4T527U05198R91. html.

第十一章
三十分钟内送货上门的生鲜电商超市——朴朴

案例简介

"朴朴"成立于 2016 年，是一家主打"30 分钟内送达"的生鲜电商企业。凭着"纯线上运营＋前置仓配送"模式，朴朴的用户数量、用户使用频次、销售额快速攀升。朴朴以福州为起点，在占领福建省市场后，逐渐向外省扩张。成立仅仅 7 年，朴朴营业收入就从 0 做到近 300 亿元，门店超过 300 家，App 下载量超过 2 亿次，月均营业收入已突破 20 亿元。

朴朴超市拥有完善的物流配送系统，可以确保所有食品在最佳时间内到达货架，从而保证食品的新鲜度，并通过前置仓配送点和自建配送团队，实现用户线上下单后 30 分钟内送货上门的服务目标。

朴朴通过线上线下多种媒介、围绕其"30 分钟内送达"的品牌核心价值实施爆炸式广告宣传，立体化覆盖目标人群；利用顾客零碎的时间，重复品牌价值传播，加深潜在消费者群体的记忆；并通过快速配送服务和附加特色服务，从而在竞争激烈的生鲜电商行业中成为后来居上的佼佼者。

朴朴超市最初以蔬菜水果、肉禽蛋类、海鲜水产等生鲜产品为主，近年来逐步拓展到粮油调味、休闲食品、酒水饮料、日用品等全品类商品，SKU 数已达到 3 500 个以上。朴朴 App 能对平台上的商品进行数字化管理，在 App 后台可以清楚地看到每件商品的浏览、收藏量，以便预估未来该产品的需求量，方便供应商的供货，避免出现产品滞销情况。为了满足顾客更多种类的需求，朴朴超市还计划在未来增加更多的新鲜食品和品牌产品，以满足消费者不断增长的需求。

第一节 品牌产生背景及发展情况

一、品牌产生背景

"朴朴"电商超市创始人叫陈兴文（又名陈木旺），福建南平人，曾任福州苍穹生态农业开发有限公司执行董事，具有多年零售行业从业经验。

有媒体报道，陈兴文创办朴朴的起因，主要是他曾创办过农业公司，并为餐饮、零售渠道提供生鲜农产品，后期还引入"中央厨房"模式，提供食材深加工服务。陈兴文在福州生活了 20 多年。作为一个本地人，陈兴文对福建这个地方有两点洞察：第一，福建是一个多山的地区，拿福州市来说，山地丘陵就占城市总面积的 70%，居民出门玩是很开心的，但真要出门买菜，还挺麻烦；第二，福建这样的沿海大省，消费者对生鲜海产的需求比其他地方要更大也更高频，而且更挑剔，他们对"新鲜"的要求远远高过内陆省份。城市居民不喜欢一次就买很多鱼肉蛋奶放在冰箱里，而是更愿意每天买，因为这样能够保证食材的新鲜。

2014—2015 年生鲜电商市场受到资本方的高度关注，淘宝、天猫超市、苏宁易购等全品类线上综合电商平台，依托其平台的巨大流量基础，发展速度迅猛，备受人们关注。

2016 年，生鲜到家在福建还是个"超前"概念，彼时盒马鲜生的"江山"还未拓展到福建，而本省最大的农产品连锁超市——永辉超市也尚未提供送货上门服务，但对热爱海鲜又对食材极度挑剔的福建人来说，这是个实实在在的生活需求。创始人陈兴文敏锐地注意到了这一市场空白，他认为给居民配送生鲜食品上门，应该是一个巨大的商业机会，值得干。于是，"30 分钟送货上门"的线上运营商超——"朴朴"诞生了，其企业名称为：福州朴朴电子商务有限公司，陈兴文为法人代表兼执行董事。

为什么公司名称和电商品牌名称叫"朴朴"，这寄托着创始人陈兴文的初心和基本经营理念：为消费者提供"朴实无华、高品质"的服务。

二、品牌发展情况

2016 年陈兴文在福州创办生鲜电商"朴朴"，凭着"30 分钟送货上门"的核心卖点，经过一年多的运营，就成为生鲜电商领域的黑马，在福州站稳了脚跟。随后获得大量风投资本的青睐，开始了迅速扩张之路：2019 年进军深圳；2020 年进军广州及佛山等地；2021 年进军武汉、成都等地，营业收入突破 100 亿元；2022 年营业收入突破 200 亿元；2023 年营业收入达到 260 亿元……

朴朴品牌发展过程中的重要时期和事件有：

（1）2016 年 6 月，借助"电商经济"的东风，朴朴超市在福建福州正式开始运营。

（2）2018 年 8 月 8 日，朴朴超市获 1 000 万元人民币战略投资。

（3）2019 年 10 月，获得 B2 轮融资，融资金额为 1 亿美元。同年朴朴在福州的用户渗透率达到 70% 以上。

（4）2020 年，朴朴在福州地区的日单量高达 16 万 ~ 20 万单。同年 3 月进军广州，并积极扩大华南区域的网点建设。同年 7 月 24 日，"朴朴"获艾媒金榜（iiMedia Ranking）发布的"2020 年中国新经济准独角兽垂直领域榜单本地生活 TOP15"榜单第 3 名。同年底朴朴实现赢利。

（5）2021 年，朴朴超市获最新一轮融资 2 亿美元，老东家 IDG 领投。朴朴超市 App 的下载注册用户达到 1.7 亿次。这一年朴朴营业收入突破了 100 亿元。

（6）2022 年，引入审计团队，开始筹备朴朴上市有关工作。原计划 2023 年上市，因准备不充分，推迟到 2024 年。

（7）2023 年，在"中国（苏州）独角兽企业大会"上，朴朴超市入围"潜在独角兽榜单"新消费企业榜单。朴朴超市的全年销售额突破 260 亿元。

第二节　品牌标识与市场定位

一、品牌命名与标识

朴朴超市的名称有两层含义：一方面，汉字"朴"的意思是：朴素、朴实、淳朴，即创始人陈兴文希望该企业能为消费者带来质朴、淳朴的商品品质和服务。另一方面，"朴"的读音与鸽子振动翅膀的声音很相似，"朴朴"连读起来，像白鸽一振翅膀就到了目的地，传递了商品只需 30 分钟即可送达的品牌理念。

朴朴品牌 LOGO 如图 11 - 1 所示。图中左边是一只白鸽的形象，既寓意平安、和平，又代表速度、快速。下边标出"30分钟快送超市"，既说明朴朴是一个电商超市，又表达了朴朴品牌的核心理念。整个图案以绿色为背景色，代表品牌的生鲜商品都是新鲜健康的绿色食品。

图 11 - 1 朴朴超市品牌 LOGO

朴朴品牌 LOGO 在所开设配送点的附近区域到处可见，从公交车站、小区门口、车道闸口，到各办公楼、小区的电梯内，均可见到朴朴的广告海报。顾客只要看一眼或听到"朴朴 PUPU——30 分钟快送超市"，就记住了。因为这一句宣传语表达了朴朴品牌两大特点："30 分钟快送"——体现朴朴配送效率高；"超市"——体现朴朴的商品品类丰富。

二、市场定位

1. 品牌核心价值

朴朴品牌的核心价值就是：30 分钟内送货上门。对于朴朴配送员来说，30 分钟送达是底线，没有最快，只有更快。在运营管理上，朴朴运用数字化技术精确掌握某个前置仓的仓储情况，并根据附近商圈调整商品结构，将时间细化到快递员拣货、打包、送货等各个环节上，从而达到朴朴对用户的承诺：30 分钟内送达。

2. 品牌产品主要特点

朴朴超市的主要特点在其官方网站的首页（见图 11 - 2）展现得清晰明了。整个页面以绿色为背景，给人非常明亮、清新、舒适的感觉，图中有白菜、猕猴桃、猪肉、鲍鱼，即表示朴朴超市经营的食品类别主要有：蔬菜、水果、肉类、海鲜。图的左侧下方有 5 个大字，每个大字下方都有一行解析语：鲜（冷藏保鲜）、安（安全检测）、正（正品保障）、快（30 分钟速达）、省（品牌折扣）。五个字把朴朴品牌产品主要特点作了说明。

图 11－2　朴朴超市官方网站首页

具体来说，朴朴超市有以下几个特点：

（1）手机 App 直接下单，30 分钟内送货上门。有购买需求的用户通过 App 定位，在线进行搜索、选购、下单、支付等流程，商品由专属配送员在 30 分钟之内送货上门。

（2）产品严格检查，质量有保障。朴朴对所有供货商的产品都严格按质量标准进行检测，并与产品质量有保障的生产企业签订长期供货协议。积极投资前置仓冷库建设，以保障物流配送过程的产品质量。

（3）集中规模化采购，享受价格折扣。朴朴通过大数据分析，可以做到大批量采购物品，从而极大降低采购成本，在终端可以给用户更多让利，确保更高的复购率。

3. 市场定位策略

朴朴超市对自己的市场定位为"30 分钟快送超市"，其目标人群是城市中的 80 后、90 后等年轻上班族。因此，朴朴超市专注于打造移动端 30 分钟即时配送一站式购物平台，以满足上班族在紧张的工作中也能在手机上买到新鲜的蔬菜肉蛋的场景需求。朴朴超市在 App 和微信小程序上设置了烹饪教程等，以帮助年轻上班族提高自己做菜的乐趣和效率。

把品牌价值与消费者需求紧密结合起来，有利于增进消费者的归属感，使其产生"这个品牌是为我量身定做"的感觉，实现品牌占据消费者心智的目的。

第三节　品牌营销策略

一、主要营销策略

1. 速度营销

朴朴起家，关键是"速度"。朴朴超市提出了"30 分钟快送超市"的概念，高举"30 分钟内送达"这个撒手锏，在激烈竞争的零售行业中很快成为佼佼者。用户从手机朴朴 App 点击下单到收到商品的 30 分钟里，朴朴是怎样进行时间和工作分配的呢？

第一步，90 秒拣货。拣货员必须在 90 秒以内在 800 平方米的仓库里完成平均 20 件不同类目和型号的商品拣货。

第二步，90 秒打包。拣货员必须在 90 秒以内将找到的商品对照订单放在一个袋子里。不管这一订单顾客买多少商品，都得在 90 秒以内完成打包。针对不同产品，还需要用冰袋、保温袋、保温盒等不同打包标准进行打包。

第三步，配送员送货。配送员全部配备电动摩托车、佩戴安全帽、穿上朴朴统一外套。一个配送员最多同时配送四单，这四单可能都要爬楼梯，但朴朴的算法保障了所有订单都会在 30 分钟以内送达。

朴朴在 30 分钟的倒计时下，每一个以秒为单位的环节都需要顺畅运行，移动拣货终端、固定出货终端、手机等接入设备成为效率提升的助手。为了保证这些设备高效稳定地运转，朴朴与锐捷公司合作，利用锐捷的智慧连锁门店网络系统，大大提高了出货拣货效率；并借助锐捷独有的 Wi-Fi 魔盒，解决了无线网络通信、定位问题。从而实现朴朴 30 分钟必达的承诺。

2. 情感式广告语

朴朴在公共场合，做了大量的广告宣传。其情感式广告语，直指消费者痛点，也是朴朴超市的卖点——"30 分钟快送"。例如："带娃买菜很辛苦，不如在家等朴朴""朴朴超市，30 分钟达""买菜停车有点累，油费车费还排队"等（见图 11-3）。这些广告语经常出现在人流多、容易看到的公共场所的广告牌上，如公交汽车、地铁车厢、居民区电梯的广告牌和视频广告里等。朴朴还在地铁到站广播里做广告："朴朴 30 分钟快送超市提醒您下一站是……"朴朴的情感式广告语还出现在各种新媒体里，如朋友圈、抖音视频等。

（a）

（b）

（c）

图 11 - 3　朴朴超市的广告宣传

3. 配送员装备广告宣传

配送员的装备包括电动摩托车、配送保温箱、安全帽、外套等，都有"朴朴"品牌标识，很吸引人眼球，让人留下深刻印象。有不少用户就是通过几次见到带"朴朴"品牌标识的配送员而记住了朴朴，当想要购买食品并期望很快拿到时就想起了朴朴。

4. 线上新媒体广告

（1）朋友圈广告。朴朴用"优惠券"作诱饵，吸引用户更久地观看朋友圈广告；"30 分钟、优质新鲜不贵"，使用户一眼了解到朴朴 App 的卖点；广告底部显示"最近有××万人购买"，增强新用户对朴朴 App 的信任度，抓住新用户的从众心理。

（2）抖音信息流。朴朴的抖音广告以抖音用户喜欢的真人情景剧形式开场，突出当季生鲜产品以及"188元新人大礼包",以广告短片的方式进行推广,视频相较图片生动,可以看到商品的实物;视频的大标题突出了"188元新人大礼包"利益点,给予用户好处,刺激用户下载朴朴App。

5. 线下宣传推广

(1)传统媒体广告。公交车站(见图11-4)、地铁广告位、到站提醒、电梯等随处可见"朴朴"的身影。电梯广告主要投放在写字楼、小区的电梯,精准抓住用户群体。朴朴超市刚进入广州、深圳之际,首选在人流量最大的地铁线路打广告,利用早晚高峰见缝插针。据DT财经统计,地铁乘客60%以上都为20~40岁的年轻人,这类人群购买欲望和购买能力更强。朴朴能很快打入广州、深圳市场,地铁广告功不可没,其在客观上极大地促进了消费者对品牌的认知,提升了品牌感染力。

图11-4 朴朴的路牌广告

(2)线下人工推广。该方式主要是在居民小区附近以人工推广朴朴App。朴朴的地推主要宣传:只要下载朴朴App就能免费领纸巾、大米、油等,其获客能力非常强,很轻易就可以揽获一大批用户,使得朴朴超市品牌曝光度和用户新增量都有质的飞跃。

6. 数字化营销管理

朴朴App中每样商品都有唯一ID,朴朴运营方在后台可以清楚地看到每件商品的浏览、收藏量，以便预估未来该产品的需求量，方便供应商的供货，避免出现产品滞销情况。朴朴超市可以利用数据分析工具来追踪用户行为和购买偏好，并基于这些数据制定和优化营销策略。

7. 招收加盟商

朴朴招收加盟商主要是利用外部资源，快速抢占市场。朴朴招收加盟商的条件有：

（1）有一定的经济实力和投资实力，不怕苦，不怕累，对投资风险和收益的两面性有正确的认知和充分的心理准备，有较充足的备用资金，以便应对开业后各种事情，以及店铺的运营。

（2）具备一定的商业背景和经商经验，熟悉当地市场，具有强烈的品牌意识和发展眼光，具有致力于该产品的创业热情，专心专注、敬业上进，了解、信任该公司的产品，在经营理念和发展思路上能达成共识。

（3）有一定的经营管理能力。具有法人资格或合法经营资格，具有合作意愿和参与经营管理能力，认同朴朴生鲜合作总部的营销理念，愿意与朴朴生鲜共同快速成长并取得双赢。

（4）认同朴朴超市的管理模式，接受总部的各项管理制度，认可朴朴公司的企业文化。对店面的经营管理可以保持全身心投入，可以一直接受提升训练。

（5）具有良好的社会及商业信誉；遵守行业相关法律法规，不可从事违法或损害社会道德风尚的活动；有良好的服务意识，亲切、热情和真诚。

二、不同发展阶段营销策略

1. 市场导入期

朴朴超市的市场导入期主要是 2016 年 6 月朴朴开业至 2019 年占领福州市场。这一阶段创始人陈兴文运用自己敏锐的营销意识，在本地的各种路牌、公交车上密集打广告，反复宣传：生鲜食材，30 分钟内送货上门。于是，福州居民逐渐认识到朴朴是一家电商企业，App 平台下单后 30 分钟就会将用户订购食品送达消费者手中。

在这一阶段朴朴的主要营销手段有：一是采用"纯线上运营＋前置仓"配送模式，以生鲜为主打，兼顾全品类运营；二是抓住生鲜最重要的特点，用送货速度来保障"鲜"。

朴朴在网络营销方面以朋友圈与抖音为阵地投放广告；线下则在公交站牌、

地铁、电梯上打广告宣传，通过地推的手段——凡是下载注册 App 即可免费领取纸巾、大米、牛奶等用品，增强获客能力。

朴朴结合网络营销及线上的广告宣传，丰富的品类和高效的配送速度、极低的起送费与配送费、极猛的补贴力度，仅通过三年就占据福州市的生鲜市场并开始向省外扩张。

2. 快速发展期

从 2019 年 10 月融资 1 亿美元，开始向福建省外扩张到 2022 年 12 月，为朴朴的快速发展期。这一阶段主要营销策略如下：

（1）更精准细化的商品分类。在朴朴 App 商品选购页面，商品的分类非常精细，每个品类下涵盖了好几个单品。例如，水果大品类下还分进口水果、热带水果、苹果/梨、葡萄/提子、橙/柑/橘/柚、奇异果、蓝莓/车厘子、西瓜/蜜瓜、桃/杏/李、果切/果盘、水果礼盒。奇异果这个小品类下还细分为智利金奇异果、佳沛绿奇异果、佳沛金奇异果王、智利绿奇异果、佳沛金奇异果礼盒。水果页面上的这一路径非常清晰、明确，有效缩短了消费者选货时间，提升购物体验。

（2）大力开拓低端市场。进入朴朴特选频道就能看到，"全场特卖""每日上新""特惠直降"等主打价格卖点。比如，300~350g 的上海青售价 0.99 元，200~300g 的西兰花售价 2.88 元，主打低价商品或大额补贴以获得大量订单。

（3）提高配送服务的性价比。朴朴的配送时间、起送费和配送费都比同类型大多数电商平台更短、更低，朴朴承诺下单后 30 分钟送达，实际上一般都不到 30 分钟就送达了。为此，朴朴不断优化前置仓模式，选址上多为社区偏僻店铺或者居住区周边房屋，从而保证前置仓在配送和商品运营上更加低成本和高效。

（4）配送员热情为顾客服务。商品与服务是零售的本质，朴朴特别注重培养配送员为顾客服务的意识，如配送员将商品送到顾客家中，临走时会问顾客：有没有垃圾要扔掉，可帮忙带走扔到垃圾存放处。

（5）保护顾客隐私。朴朴的小票信息只罗列出购买清单，而不显示与顾客相关的信息如电话号码等。朴朴这种对顾客信息的保护，获得顾客更多的信任和对品牌的忠诚。

3. 稳定发展期

新冠疫情缓解后，朴朴进入稳定发展期。主要抓以下几项工作：

（1）朴朴从 2022 年初就引入审计团队开始辅导，计划在香港证券交易所上市，此项工作一直在进行中。

（2）为了顺利上市，朴朴从 2022 年开始控制扩张速度，将经营重点放在降本提质增效上。

（3）采取低线打高线的营销策略，避开电商竞争激烈的上海、北京等大城市市场，向华中区域的武汉、长沙，华西区域的重庆、成都等二线城市稳步迈进。

第四节　品牌建设主要经验

一、品牌定位差异化战略

朴朴超市在成立之初，就确立了主要的经营策略，并将之贯穿于广告宣传中，告知消费者朴朴超市是一个"30 分钟内送达"，能保证新鲜、高品质的食品电商超市。"快速送达"的品牌核心价值体现于企业整个活动过程。

为了保障 30 分钟内送达，朴朴采用了前置仓运营模式。朴朴在不同的区域找到一些租金较低的地段建立配货仓库，并且配货仓库不需要导购，因此它的成本比同规模的超市要省不少，节省下来的费用可以用于为用户提供福利和服务。进而给用户留下一个"又快又好"的品牌形象。

二、多样化促销手段吸引顾客

朴朴超市 App 首页上每天都有限时抢购活动，活动商品价格都比较实惠，这是专门用来做引流的。每月设置一个"月中半价日"，提供上百款 5 折优惠爆品，还有买一送一等福利活动，凡全场商品实付满 188 元都可随单获各种礼品。每逢节假日都有大优惠活动，还有超值盲盒赠送，对消费者的吸引力很大。

凡是第一次注册朴朴 App 的用户，均可用超低价购买到生鲜食品。这种促销方式极大程度上促使消费者注册并下单，而且在第一次体验到朴朴高效率的配送及超实惠的价格后，消费者极有可能进行第二次、第三次等复购行为，并向亲朋好友推介。

三、特色化情感触动式广告宣传

朴朴选择行人多的公交车站台、小区门口车闸，公共汽车、地铁车厢，办公楼、小区的电梯等场景，发布图文广告和短视频广告，宣传"30 分钟新鲜到达"，用"顺口溜"文案直击目标消费者："带娃买菜很辛苦，不如在家等朴朴""尽情去跳广场舞，买菜可以用朴朴""晚上预约早餐，明早朴朴叫醒"等。这类情感触动式广告文案精准、独特、有效，有利于巩固和发展前期广告在消费者心目中所建立的品牌形象和品牌利益诉求，助力朴朴打开新市场。

朴朴通过多种媒介及宣传方式，在消费者视觉及听觉方面刷"存在感"。像地铁车厢里报站名这种"洗脑式广告"反复播报，可以在短时间内迅速提升品牌的知名度。

四、配送员担当品牌形象大使

为了达到"30 分钟内送达"，朴朴超市建立了强大的配送员队伍，并配备行驶方便、快捷、环保、带有朴朴标识的电动摩托车，还有统一的保温配送箱、外套和安全帽。朴朴给配送员的报酬比一般电商都要高，节假日给予双倍报酬。这些配送员初次招募进入朴朴配送店，都会经过岗位培训，如要熟记所在配送店服务范围内的街道、道路、居民住宅楼编号及名称，与顾客打交道的行为规范，为顾客提供诸如帮扔垃圾等附加服务等。朴朴把配送员打造成了品牌形象大使。统一着装、言行文明、服务规范的朴朴配送员不仅给用户，也给行人留下了美好而难忘的印象。

五、大数据营销管理

朴朴组建了一支专业的数据分析团队。该团队利用先进的数据分析工具和技术，对海量数据进行挖掘和处理。他们通过分析数据，发现潜在的商业机会和优化点，为各个业务部门提供数据支持和优化建议。

朴朴通过数据分析用户的行为和喜好，制定更加精准的营销策略。例如，根据用户的购买历史和浏览行为，推荐相关产品；根据地理位置和时间，推送个性化的广告；这些精准营销措施有效提高了用户转化率和客单价。朴朴通过分析销售数据和库存数据，制订更加合理的采购计划和库存策略，这有助于降低库存成本和缺货率，提高库存周转率和客户满意度。朴朴通过对用户行为、喜好、购买力等多维度分析，构建详细的用户画像，这有助于了解目标用户的需求和特点，为产品开发和营销策略提供有力支持。

随着人工智能、大数据等技术的不断进步，朴朴的数据分析将朝着更加智能化、精细化的方向发展。未来，朴朴将利用机器学习和深度学习等技术，自动化推荐算法和预测模型，进一步提高精准营销的效率和用户满意度。同时，朴朴将深化与供应链合作伙伴的合作，实现更高效的库存管理和采购计划，降低成本并提高服务水平。

参考文献

［1］巴旭成．我国生鲜电商新零售模式的研究［J］．环渤海经济瞭望，2020（3）：25－26．

［2］孙慧琳．朴朴超市生鲜电商用户忠诚度影响因素研究［D］．福州：闽江学院，2021．

［3］朴朴超市官方网站．https：//www. pupumall. com/.

［4］赤焰 SuSu. 从"小公司"到"新零售之都"，朴朴超市是如何做到的？［EB/OL］. https：//zhuanlan. zhihu. com/p/676892059.

［5］黄晓韵，叶绮涵．朴朴超市快速崛起背后的因与困［EB/OL］. https：//finance. eastmoney. com/a/202211182564375094. html.

［6］赤焰信息社区团购．成立不到6年，估值320多亿！朴朴超市到底有什么秘诀？［EB/OL］. https：//zhuanlan. zhihu. com/p/481520550.

［7］老刀叨品类．朴朴快送超市，0到150亿的秘密！［EB/OL］. https：//zhuanlan. zhihu. com/p/598801743.

［8］朴朴超市去年盈利高达230亿，其成功的核心有哪些，商业模式是？［EB/OL］. https：//www. sohu. com/a/677440115_120815710.

［9］揭秘朴朴超市月盈4亿元的秘籍，5大引流拉新玩法全拆解［EB/OL］. https：//zhuanlan. zhihu. com/p/302690717.

［10］简析朴朴生鲜营销策略：无处不在让你无法不爱［EB/OL］. https：//www. niaogebiji. com/pc/article/detail/？ aid＝79568&ivk_sa＝1024320u.

［11］朴朴超市再获融资，前置仓黑马力争第一［EB/OL］. https：//maimai. cn/article/detail？ fid＝1686668154&efid＝F0rneSKrprmhEBfcFEDRgQ.

［12］福州互联网之光朴朴超市，年营收150亿，独特之处在哪里？［EB/OL］. https：//business. sohu. com/a/636734706_121123746.

［13］朴朴 数据分析［EB/OL］. https：//aiqicha. baidu. com/qifuknowledge/detail？ id＝10065794232.

第十二章
无理由退货的"O2O"水果连锁店品牌——百果园

| 案例简介

"百果园"是深圳百果园实业(集团)股份有限公司所拥有的水果连锁店品牌。2002年7月,第一家百果园门店在深圳开业。2008年5月,"网上百果园"上线,开始线上线下同步发展。2009年,百果园推出"不好吃三无退货"政策,开始实施线上线下一体化发展,并在线上App推出"不好吃瞬间退款"服务,百果园进入快速发展期。2009—2019年仅11年间,百果园门店数就从100多家增长到3 700多家,年销售额从1亿元增长到100多亿元。至2023年底,百果园营业收入已达到113.92亿元,其中将近三分之一的订单是通过多个线上渠道下达的。2023年1月,百果园在香港证券交易所挂牌上市,成为"中国水果连锁零售第一股"。

百果园将"好吃"作为品牌核心价值,企业一切经营活动都围绕这个核心价值展开。为了给消费者提供"好吃"的水果,百果园提出了"四度一味一安全"(糖酸度、鲜度、脆度、细嫩度、香味、安全性)水果量化考核标准,并将这一标准重点落实到生产基地中。为了获取社会资源,共同做大"好吃"水果事业,百果园采用"零风险投资+店长合伙制"运营模式。从全球对"好吃"水果需求的巨大市场来看,可以期待百果园将会发展成为"全球最大的水果连锁零售企业"。

第一节　品牌产生背景及发展情况

一、品牌产生背景

百果园创始人余惠勇 1968 年出生于江西省上饶市德兴市的一个农村家庭。1991 年他从江西农业大学园艺学院毕业，进入江西省农业科学院，从事食用菌研究和开发工作。工作不久，他开始承包单位下属食用菌研究基地，仅用一年多，就把基地的经济收益提高了数倍，这也让他赚到了人生中的第一桶金。

1992 年，余惠勇 24 岁那年，邓小平发表南方谈话，号召改革开放的胆子要大一些，敢于试验，看准了就大胆试，大胆闯。邓小平的讲话掀起一轮改革开放热潮，不少人放弃"铁饭碗"，下海创业。余惠勇的志向不是科学研究，他决定停薪留职南下闯荡。于是，余惠勇带着 20 万元只身前往深圳，把钱都投进了当时火爆的股市，等他收手时，亏了不少钱。之后，他找了一些活儿干，但只是挣得一点工资，并没有赚多少钱。

1995 年，余惠勇进入一家做蔬菜业务的公司工作。他从一线工作开始，做到了业务部门经理。之后，余惠勇跳槽进入中国爱地集团担任销售经理，带团队，做销售。

余惠勇在做业务时发现水果批发价和零售价差距很大，于是，他直接从种植户那里购买水果，用比批发价高、比零售价低的价格直接卖给顾客。余惠勇用水果直销的新模式承包了公司水果经销业务，仅用几年时间就完成了原始资本积累，挣到了 200 多万元。

在水果行业摸爬滚打数年的余惠勇发现了一个市场空白：市面上有不少批发市场和商超，却没有一家水果专营店。于是，2001 年 12 月，余惠勇辞掉了原公司的工作，在深圳注册成立了深圳市百果园实业发展有限公司。

2002 年 7 月 18 日，首家"百果园"水果门店在深圳市福田区福华路开业，面积 50 多平方米，开业当天营业额就超过 1.8 万元；第一个月的营业额将近 41 万元，一举创下了水果专营店的销售新高。

从此，余惠勇决心"一生只做一件事，一心一意做水果"。他全力投入水果产业链和水果专营连锁业态的发展，致力于为消费者提供更好吃的水果。

二、品牌发展情况

从 2002 年 7 月第一家百果园门店开门营业，中间经过不断探索，特别是建立了百果园果品分级标准体系和在线上 App 推出"不好吃瞬间退款"服务后，百果园实现了线下线上联动快速发展，至 2023 年底，百果园营业收入达到 113.92 亿元，其中线上订单约占三分之一。

百果园品牌发展过程中的重要时期和事件有：

（1）2001 年 12 月，百果园公司在深圳注册成立。

（2）2002 年 7 月 18 日，首家百果园门店深圳福华店正式开门营业。

（3）2003 年 1 月 8 日，百果园启动连锁经营模式。

（4）2004 年，开始采用企业资源计划（ERP）系统。

（5）2007 年，百果园收回加盟权限，改为直营合伙模式。

（6）2008 年 5 月，百果园开始搭建网络营销平台。同年 12 月，"网上百果园"上线。

（7）2009 年 3 月，正式提出"不好吃三无退货"服务标准，即顾客在百果园买到不好吃的水果，可以"无实物、无小票、无理由"退货。同年 12 月底，百果园门店数突破 100 家，达到 122 家；营业收入突破 1 亿元大关。

（8）2012 年，百果园公司成立十周年，全国连锁门店达 300 家。

（9）2013 年，历经多年优化，百果园第五代田园风格门店上线。

（10）2014 年，成立百果互动科技有限公司，完善信息化建设布局。

（11）2015 年，建立中国首个果品分级标准体系。同年 5 月，门店突破 1 000 家。9 月，完成 4 亿元人民币 A 轮融资。11 月，百果园与北京最大的水果连锁超市"果多美"达成战略合作，实现双品牌运营。同年获"亚洲 2015 年度果蔬零售商"奖（该奖项被誉为"生鲜奥斯卡"）。同年，百果园创始人、董事长余惠勇提出"线上线下一体化发展，线下开店为线上服务"的战略。

（12）2016 年，在线上 App 推出"不好吃瞬间退款"服务，创行业先例。12 月，百果园与生鲜 O2O 平台一米鲜战略合并，开启全新生鲜电商业态。

（13）2017 年 3 月，线上采购交易平台上线，线上单月销售额超亿元，完成线上线下一体化布局。同年获得"2017 CCFA 中国连锁业员工最喜爱公司"奖项。同年，门店总数超 2 800 家。

（14）2018 年 1 月，完成约 15 亿元人民币 B 轮融资。同年 5 月，门店数突破

3 000 家。同年 6 月 15—18 日的"618"购物狂欢节,三天线上销售额超 4 500 万元,同比增长 328%,线上订单总量达 72 万单,同比增长 294%,稳居第三方外卖平台全平台水果类目销售第一位。8 月,百果园和中国扶贫志愿服务促进会达成全面战略合作,正式启动"百果百县"战略。12 月,百果园与济南果品研究院达成战略合作,助推果品产业升级。12 月底,已有 3 500 家门店,线上会员 4 000 多万,全年销售额超过 100 亿元,在水果零售行业排名全球第一。

(15) 2019 年 4 月,百果园公布品类合伙人计划,正式发布大生鲜战略。同年 5 月,继"三无退货"推行十周年之际,百果园在京召开"十年数据说,可信中国人"发布会。同年 11 月 15 日,胡润研究院发布"世茂海峡·2019 三季度胡润大中华区独角兽指数",百果园以 100 亿元人民币估值上榜。

(16) 2020 年 1 月,成立"春暖花开"公益项目组,持续助力抗疫一线及需要关爱的群体。7 月 22 日,在艾媒金榜(iiMedia Ranking)发布的"2020 中国新经济独角兽本地生活领域 TOP20 榜单"中位列前 20 名。9 月,百果园"抗疫"案例入选"全国百优"。11 月,旗下高品质食材品牌"熊猫大鲜"正式上线。

(17) 2021 年 6 月,百果园第 6 次登上"中国连锁百强"榜单,且排名较上年再度提升。8 月,百果园获评"2021 年度中国大消费领域最受投资人赞赏企业"。同年,获农业农村部、国家发展和改革委员会、商务部等联合授予"全国农业产业化龙头企业"称号。

(18) 2022 年,百果园自有产品品牌达到 31 个,其"一果一菜"布局开启新的里程碑。

(19) 2023 年 1 月 16 日,百果园正式在香港证券交易所主板挂牌上市,成为"中国水果连锁零售第一股"。同年 6 月底,百果园在全国拥有 5 958 家连锁门店。

第二节　品牌标识与市场定位

一、品牌命名与标识

(1) 品牌命名。"百果园"品牌名称中,"百"突出品牌种类齐全;"果"突出品牌以水果产业为主;"园"突出产地对接,产品新鲜,质量好。

"百果园"品牌命名符合品牌命名与形象设计的一般原则。它富有创意，易于记忆，会使人联想到鲁迅的"百草园"；它富有内涵，让人想到一百种水果，给人品种丰富的感觉；它具有普遍适应性，不分民族、国界，利于向全国乃至全世界开拓业务。

百果园的英文名"PAGODA"与中文品牌名读音近似，其原义为"（亚洲式的）宝塔"。虽然这一名称和百果园主营业务没有直接联系，但使用该英文单词作为百果园品牌名称的好处是：①在海外传播时降低消费者的认知难度；②提示品牌的亚洲/中国血统。

（2）品牌标识。

百果园品牌 LOGO 如图 12-1 所示。其呈现了两个动漫形象——猴果果和乐桃桃；猴果果头顶着乐桃桃。"百果园"三个汉字采用艺术字体，通过"外圆内方"的字形，演绎"天圆地方"的农耕文化，使人感觉简洁、明快。英文大写名"PAGODA"中的"O"字母用一个桃子的形状来代表，表示与水果有关联。整个品牌 LOGO 让人联想到孙悟空吃蟠桃的典故，易和顾客产生共鸣，拉近与顾客距离；且艺术字体给人以欢快、活泼、有趣的印象。

图 12-1　百果园品牌 LOGO

百果园的吉祥物设计经过多次迭代，但基本保持了"猴子+桃子"的形象，如图 12-2 所示。猴子是具有较高智慧的灵长类动物，通常寓意聪明伶俐，运用在品牌形象中则给人亲近自然、活泼灵动的感觉。中国文化中"孙悟空"是家喻户晓的猴形象，以猴作为品牌吉祥物，容易引起观者的正面情感。猴与桃的天然联系借由《西游记》等文学作品的描述而得到强化。桃原产于中国，最远可以追溯到周朝，《诗经·国风·周南》即有《桃夭》一诗。桃从波斯传入西方，桃的种小名"persica"意思就是波斯的水果。在中国传统文化中，桃寓意着美好、长寿，用在品牌形象中十分恰当。

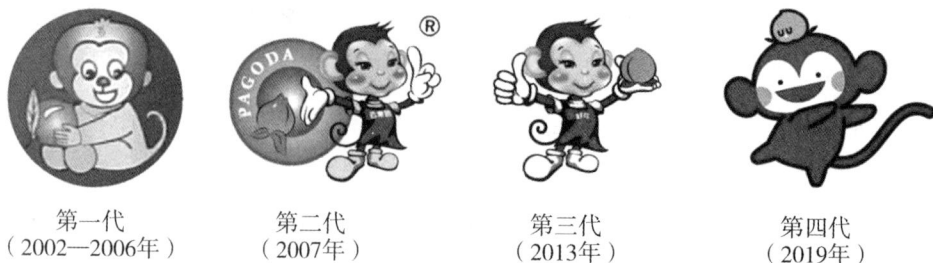

第一代
（2002—2006年）

第二代
（2007年）

第三代
（2013年）

第四代
（2019年）

图 12 - 2　百果园吉祥物"猴果果"与"乐桃桃"的演变

百果园还将品牌吉祥物形象人格化，打造自身IP，猴果果是一位直率真诚的小哥，乐桃桃是一位机灵可爱的小妹，两个吉祥物造型传达了百果园品牌的"好果子"内涵。

百果园线下连锁门店的招牌统一装潢，便于顾客辨认。

二、市场定位

1. 品牌核心价值

一家水果连锁企业发展的核心，本质上在于味道。味道不好，其他方面做得再好也没有意义。百果园对这一点有非常明确的认知，从一开始就明确定位——做"好吃"的水果。所以，"好吃"就是百果园品牌的核心价值。

那么，怎么样才能确保产品质量，让水果更好吃呢？百果园围绕这个命题，不断地做加法，以产品为中心，做平台，定标准，抓品控，建机制；稳后端，建基地，拓渠道，保供应；立前端，树形象，精服务，强营销，新零售。总之，把"好吃"贯穿到整个水果产业的各个环节、各项工作之中。

正如创始人余惠勇所说："好吃是检验水果的首要标准"，百果园要做全中国、全世界"最好吃的水果"。

2. 品牌产品主要特点

（1）"四度一味一安全"。百果园将水果按照"糖酸度、鲜度、脆度、细嫩度、香味、安全性"分成招牌、A级、B级、C级4个等级。鲜度是所有商品水果的基本标准，安全性是果业发展的生死线，而好吃是检验水果的重要标准。品质分级让好吃看得见，保障消费者的切身利益。

这个"四度一味一安全"是百果园独创的水果量化维度，让"好吃"有了明确的评判标准，它是针对"不同水果的特性难建立统一品质标准"问题的创新解决办法。

（2）"四级两类三规格"。百果园根据经营经验和行业标准，将水果分为"四级两类三规格"：

四级：招牌、A级、B级、C级。这是同一种果品的纵向比较，是由同一类水果内在品质的不同所区分出的级别差异。

两类：稀有、非稀有两个类别。这是不同品种间的横向比较。比如说世界第一苹果，跟大众化苹果比，是稀有、珍贵的。日本巨峰葡萄和普通大众化葡萄比也是珍贵稀有的。

三规格：大、中、小三个规格。这里单纯从体积大小的维度划分。

在实际考核和划分等级中，具体是怎样操作的呢？例如，招牌级巨峰葡萄，其中一个关键指标是"糖酸度"要大于19。糖酸度大于19意味着什么？意味着必须用有机肥，必须控产，种植密度要降低，必须杜绝过早采摘以及打激素催熟，少其一，糖酸度都不可能大于19。

再如，冬枣甜度达到22以上则为A级，A级中重量超过12g为大果，9~12g为中果，9g以下为小果。要达到招牌标准，还需要冬枣皮达到入口即化的标准。

（3）严格仓储和运输标准。对果品的仓储和运输，百果园也都有一系列标准。比如仓储时不同水果要按照不同温度储存，奇异果要放到0℃的冷库，葡萄和苹果要放到2℃~5℃的冷库，而香蕉和芒果则要在15℃的冷库中保存；运输草莓的车辆，时速不能超过40km；装、卸货时动作要轻而稳等。这一系列仓储物流配送过程中的精细管理，是百果园直接与行业竞争对手拉开差距的重要因素。

（4）"不好吃三无退货"。百果园首创了"不好吃三无退货"的售后服务标准，即消费者在百果园门店购买了水果，如果对水果口感或品质不满意，可以"无小票、无实物、无理由"退货。之后，百果园又将该服务进行了升级，在线上App购买的水果也可以进行"三无退货"；而且实行线下线上联动退款，即顾客在门店购买水果后，也可在百果园App上进行退款操作。

创始人余惠勇说，之所以敢于不计成本退货，一是因为对自己的产品品质有自信；二是因为相信顾客是诚实守信的。

3. 市场定位策略

百果园主要消费群体是社区或小区中消费能力较强且对水果质量有一定要求的职业白领人群，价格定位为中高端的精品水果超市。

第三节　品牌营销策略

一、主要营销策略

1. "好吃"概念营销

百果园把"好吃的水果"概念作为宣传重点，让消费者充分认知和感知"好吃"。无论是百果园的宣传广告语还是门店店铺的招牌，设计色彩多以绿色和黄色为主，都在传递"好吃"这个概念；消费者来到店铺，每种水果都切成小块，摆成果盘供顾客品尝。店员会告知顾客可到网上查阅百果园"好吃的水果"的标准，还会请顾客品尝店里的"招牌"级水果。总之，百果园通过直接和间接方式告诉顾客：吃水果只有一个标准——"好吃"。

2. 诚信营销

百果园之所以受到顾客的青睐，且顾客复购率很高，不仅因为所售卖的水果品质有保证，还因为百果园有一项很贴心的售后服务"不好吃三无退货"。只要顾客是在百果园门店买的水果，哪怕没有实物、没有小票，甚至连理由都不用说，只要你想退货，百果园就能满足你，给予退货。这听起来有点儿冒险，但这就是百果园的"信任文化"：要想抓住消费者的钱包，那就得先取得他们的信任。

百果园"三无退货"政策是从 2007 年开始实施的。当初顾客只要觉得不好吃，就可拿水果来店退换。但实施一年后，百果园发现不能确保顾客满意，于是，2008 年推出"如果不好吃，拿购买小票来店，就给退款"。这项政策实施一年后，仍无法确保顾客满意。2009 年百果园又推出"如果不好吃，无需实物，无需小票，只需要讲清楚理由，就给退款"。这项政策实施一段时间后，管理层发现，往往店员要顾客讲一个合理理由，会闹得不愉快，不但退货受阻，而且让顾客更不满意。这个退货政策最后也形同虚设。

三条政策都行不通，就只剩下最后一条退货退款政策，即"不好吃三无退货——无实物，无小票，无理由退货"。

余惠勇说：经过激烈的思想斗争，我们选择了相信，相信顾客，无条件相信顾客。我们把退货的决定权，彻底地交给了顾客。

实践结果证明，百果园选择"三无退货"政策是正确的。统计数据显示：

从 2010 年百果园开始正式实行"三无退货",2010—2014 年这五年时间是百果园稳步增长阶段,门店数从 150 家逐步增加到 940 家;销售额从一亿元跨越到 20 多亿元;2015 年到 2018 年是百果园飞速发展的阶段,门店数从 1 000 多家增长到 3 500 多家,销售额从 20 多亿元增长到 100 多亿元。

3. 线下连锁店营销

百果园 5 600 多家线下门店,几乎遍布全国各主要大中城市的居民区、商业街等人流量较高的区域。百果园所有门店都采用了统一的店面、室内装饰及产品展示,这样有利于增强品牌宣传效果、扩大知名度。

为满足不同人群的需求,百果园线下门店主要以百果园和果多美两个渠道品牌运营,其中,百果园面向中高端市场,为有消费能力的消费者提供高品质果品;果多美主要面向大众市场,提供性价比较高的大众化果品。

在门店中,百果园放置了引流二维码,通过赠送水果、优惠券或者周边产品,将进入门店的顾客引流到社群和企业微信中。

4. 线上网络营销

在线上,百果园主要是基于腾讯生态以及自有 App 触达大量粉丝群体,吸引用户线上下单或者到附近门店购买。除了自有网站和 App 外,百果园还同时入驻了京东、饿了么、美团、口碑等平台。百果园一直稳居第三方外卖平台全平台水果类目销售第一位置。百果园线上主要营销方法有:

其一,通过视频号普及水果挑选方法、进行品牌宣传等,其中,百果园视频号置顶的《相信美好总会发生》短视频转发量、点赞量均已超 10 万。

其二,通过微信公众号发布促销、优惠券等,百果园同时提供了一键跳转功能,用户点击即可跳转到"百果园＋"小程序。

其三,在微信小程序、App 中,百果园都为用户提供了果粉群"活码",会自动识别用户所在地,按照区域划分,将用户分配到距离最近的店铺社群中。

其四,当用户进入社群中后,群内的"百果园小店长"会为群成员提供首次进群礼包券、新会员大礼包等,用优惠券来吸引用户快速下单。

其五,在"百果园小店长"的朋友圈中,用户除了能够看到店铺中的当季新品,还可以接龙购买到低价果品。

其六,在百果园 App 中,首页跳动显示"助力领券"键,并与小程序打通,用户邀请 2～4 名好友助力即可领取优惠券,这样在用户之间产生了一种裂变效应,在扩大知名度的同时,老用户也能够为百果园带来新用户。

到 2016 年，百果园已经实现了线上线下一体化。有些区域由于线上履约订单量很大，便将门店后台改造成仓库，成为一体仓或者前置仓，实现配送到家业务。2022 年，百果园营业收入为 113.12 亿元，其中 27.2% 的订单是从多个线上渠道下达的。

5. 加盟商营销

百果园扩张速度之所以快，其中一个重要原因是采用加盟商运作模式。百果园利用其品牌影响力和资金优势，在门店渠道扩张的过程中，也进行了多次重要的收购，包括收购果果家、果之友。其中，最重要的一场收购，是 2015 年完成的对果多美的收购。这次收购，使百果园控制的门店数量从 1 000 多家扩增到 3 000 多家。为了持续扩张，吸引加盟商投资，百果园从 2019 年开始，为经过筛选的加盟商提供帮助商业贷款的服务。

（1）百果园提供两种加盟方式供创业者选择：

①投资加盟：创业者通过投资一定金额成为百果园的加盟商，享受其品牌、技术、管理等资源。具体投资额根据加盟店的规模和地点而定。

②自营＋加盟：创业者首先在指定地区开设自营店，每年达到一定的经营指标后，可以向百果园申请加盟，并将自营店转变为加盟店。

（2）百果园为加盟商提供的一站式支持政策有：

①品牌支持：公司进行了全产业链布局，严格执行采购、配送、销售、运营等标准，运营管理体系化、标准化，全产业链科技数据化、平台化。这些可作为加盟商的支撑，使其快速拥有品牌背书和影响力。

②开业支持：拥有专业的开业团队，为加盟商提供支持与帮助。

③培训支持：公司建立了专业、成熟、完整的培训体系，向加盟商提供一线岗位人员培训支持，使员工快速上手进入经营状态。

④管理支持：标准化的管理制度、专业的管理团队，协助加盟商运营管理。

⑤产品支持：全品类果品分级标准体系与专业商品团队保障加盟商的货源供应及品质。

⑥营销支持：线上有全渠道新媒体矩阵，可与线下联动，帮助开展多渠道营销活动，助力加盟商门店销售，促进加盟商业绩提升。

⑦租金平衡政策：对租金较高门店可减免特许权使用费。在计算门店特许权使用费时，对租金较高门店，即门店月租金/月销售额超过 6% 的门店，超出部分可享受租金平衡政策，从应缴纳的特许权使用费中减免。

⑧资金支持政策：为帮助加盟店平稳渡过养店期而设立了资金支持政策。

（3）加盟商基本条件如下：

①加盟商要自己做店长经营门店，如多店加盟需要履约辅助人。

②提交征信报告，无不良信用记录。

③具有创业者奋斗精神与投资风险承担意识。

④认可百果园公司企业文化，服从经营管理。

二、不同发展阶段营销策略

1. 市场导入期

这一阶段主要从 2002 年第一家百果园店开设到 2009 年百果园拥有超过 100 家店。这一阶段主要是在百果园店铺里开展营销活动：

（1）来店试吃。即安排来店顾客品尝各种水果，一方面帮助客户挑选水果，另一方面百果园通过研究顾客试吃的状况和成交量来进行商品的合理调配。

（2）会员制。当顾客第一次来店购买时可注册成百果园会员，并享受一定价格折扣。

（3）店铺定期和不定期开展限时特价、一星期一种特价水果等促销活动。

（4）节假日套餐。例如，百果园在春节期间推出了年货活动，包括"团圆饭套餐""唠嗑到天亮套餐"等，这些套餐作为走亲访友的礼品，既有新意又健康。

（5）好吃卡等充值卡片活动。不同面额的好吃卡在全国各大门店通用，并且允许多次使用，用户还可以根据自己的喜好在百果园免费定制属于自己的个性卡。

这一阶段看似一帆风顺，但年底一算账，百果园公司却是在赔钱，7 年累计亏损了 2 亿多元。由于投资方看好百果园运营模式，所以不存在资金紧缺问题。

2. 快速发展期

这一阶段是从 2009 年百果园首次推出"不好吃三无退货"政策开始，到 2019 年为止。所谓"不好吃三无退货"，就是顾客从百果园购买水果后觉得不好吃，可以"无实物、无小票、无理由"退货。凭借这项水果行业最优质的创新服务，百果园实现了快速发展。10 年间，百果园门店数从 100 多家增长到 3 700 多家，年销售额从 1 亿元增长到 100 多亿元。

在这一阶段，百果园公司董事长余惠勇对公司进行了大刀阔斧的改革。首先，回收了所有的加盟店进行整顿，严格规范商品标签等。其次，对生产基地进行考核。即按照鲜度、糖酸度、细嫩度、爽脆度、香味、安全性的"四度一味一安全"的标准体系，对基地供应的所有水果进行严格考核。其三，实施店铺 3P 优化管理。即对店铺人（People）、有形展示（Physical evidence）、过程（Process）三方面进行优化管理，使百果园员工工作质量好，店面展示氛围好，顾客体验感觉好。这是百果园实体店的基本要求。

百果园还实施了"小程序 + 微信群 + 实体店 + App"四位一体的线上线下同步宣传推广营销战略。2018 年 3 月微信小程序正式上线，百果园有 8 000 多个门店社群，门店通过微信群能与顾客更方便地沟通，以及提供诸如拼团、预售、促销和游戏活动等服务，这些全部是用微信小程序加社群的方式去传播。在小程序营销活动上使用最多的玩法是"拼团 + 自提"，百果园把拼团分为了陌生人拼团和熟人拼团，前者目的是带流量，后者目的是促交易。

3. 稳定发展期

2019 年之后，百果园进入稳定发展期。2020 年 10 月百果园推出了独立的生鲜品牌"熊猫大鲜"，采用线上预售次日达的模式，除了果蔬外，还销售分割猪肉、牛肉馅饼、灌汤包等预制菜。

新冠疫情以来，百果园坚持营业，通过微信社群的方式开展送货上门服务，线上业务增长率超过 150%。2023 年 1 月百果园在香港证券交易所上市，所募集的资金将用于探索不同的经营方式，重点建设生产基地。

第四节　品牌建设主要经验

一、定标准，确立品牌核心价值

"好吃"是水果的本质属性和顾客对水果的核心需求，百果园将"好吃"作为品牌的核心价值，区别于水果行业其他品牌，并围绕"好吃"进行各种经营活动。

那么，什么是"好吃"的水果呢？百果园提出了自己独创的"四度一味一安全"考核标准，即糖酸度、新鲜度、爽脆度、细嫩度、香味、安全性。

建立水果分级标准体系是奠定打造水果零售渠道品牌和产品品牌的基础；品牌水果又可形成差异化竞争，获得品牌溢价，以及避免与同质化产品市场的价格竞争。可以说，百果园引领了水果行业新标准，创造了行业规范，推动了行业标准化的进程。

二、重信任，占领顾客消费心智

百果园在水果行业首次提出并践行"不好吃三无退货"的优质服务，这是百果园对自己品牌核心价值——"好吃"充分自信的表现，这也是对中国"信任文化"充分认同的举措。

百果园在日复一日的经营中严格践行"三无退货"承诺，非但没有亏损，反而营业收入和利润持续增长。百果园在坚守信任的同时获得了良好的口碑，博得了顾客更长久的信赖。至2022年底，百果园积累了线上、线下近8 000万会员，付费会员数达96.7万名；微信社群2.25万个，300万抖音粉丝；会员整体复购率也高达49%。

百果园还在合作伙伴之间传递信任文化。百果园的门店采用"夜间无人配送"模式，这种无人化的信任交接基于对合作伙伴的充分信任。相较于白天，夜间的配送成本较低，且温度对于水果的保鲜有明显帮助，因此夜间时段更适宜。考虑到夜间门店值守和现场清点所带来的人员管理成本以及配送的效率，司机都是在加盟商无需到店的情况下完成配送的，前提就是要充分信任配送人员。同时，百果园还建立了与之配套的坏货确认制度。也就是说，第二天如果加盟商到店清点，发现果品数量或是质量不符，就可以在系统进行申报，公司直接确认补货给加盟商。这些举措只有在高度的信任下才能有效实施。

信任是相对的，百果园释放了最大诚意，消费者也回馈以最大善意。百果园创始人余惠勇说："信任是百果园企业文化里的支柱，没有信任文化，也就没有百果园的今天。"他还说："我用10多年的实践检验，我们的顾客、门店伙伴是值得信赖的！"

三、筑平台，整合联动线上线下

百果园通过构筑线上线下一体化管理平台，实现了线上线下的无缝对接，为消费者提供了更加便捷的购物体验。消费者可以通过百果园的官方网站或移动应用程序下单，然后选择线下门店自提或者配送上门。这种经营管理模式不仅为消费者节省了时间，还能确保商品的新鲜度和质量。同时，百果园的线下门店也提供了展示、品尝、咨询等服务，进一步增加了消费者的满意度。

随着线上线下联动管理，"三无退货"由线下买线下退，升级为线下买可线上点击退，折扣也由顾客自己选，申请多少马上退多少。百果园管这叫"线下三无退货，线上瞬间退款"。

百果园还将种植基地、果农和水果批发商等供应链上合作伙伴也纳入管理平台中。通过与供应商的直接合作，百果园能够降低中间环节的成本，提供更具竞争力的价格。此外，百果园还采用了独特的采购模式，即先采购后售卖。这种模式能够缩短供应的时间，保证水果的新鲜度，提高了市场反应速度。

百果园通过线上线下管理平台大数据分析消费者偏好和需求，根据市场变化对商品进行调整和优化，实现了精细化经营。通过数据分析，百果园能够更加准确地掌握消费者的需求，进而提供更合理的产品组合和定价策略。通过数据分析指导线下供应商送货、门店布局和运营，从而提高销售效率和赢利能力。

百果园凭借其线上线下一体化经营管理模式，线上线下营销联动，不仅满足了消费者对优质水果的需求和购物体验，也为自身带来了可持续发展的机会。

四、稳供应，持续增强全产业链

为了持之以恒为消费者提供"好吃"的水果，百果园充分运用数字化技术管理产业链的每个环节。在每个产业链环节经营活动中，都以实现"好吃的水果"为目的，建立标准化管理制度，从而实现全产业链运作的低成本、高效率。

在生产源头上，百果园向产地和果农输送 BLOF 技术（Biological Farming，生态和谐型种植技术），即利用数据化和可视化的生产管理方式，结合土壤分析，摒弃传统的氮磷钾施肥模式，积极利用堆肥、微生物及系统的施肥设计来开展有机栽培。这套技术不仅能够生产出高品质、高产量、高营养、低成本的水果，而且有助于生态环境的保护和土壤的改良。百果园既给基地送去新技术和新装备，也派送技术人员去基地指导生产管理，从而保证种出来的水果都是"好吃"的水果。

在物流和仓储上，百果园打造了行业领先的采配仓平台，全过程把控，保障水果鲜度。为了有效管控物流过程，百果园专门成立了自己的专业物流车队，建立了先进的中央配送中心和后勤保障系统。百果园配送中心或直接接收供应商配货，或直接设置在种植基地或水果市场内，这样尽量减少了供应商和配送中心的距离，也减少了中间的运输、搬卸和存放环节，既减少了果品的损耗，又保证了水果的新鲜度。

在销售终端上，百果园实施线下社区门店与线上一体化、店仓一体化、及时达与次日达一体化战略，并升级重构了"人、货、场"联动的经营模式。百果园对消费者购买水果实行"不好吃三无退货"政策，消除了消费者购物的后顾之忧，并赢得了消费者对百果园的品牌忠诚。

为进一步实现水果产业链相关者共建和产业体系标准的建立，百果园牵头成立了优质果品产业联合会，从而把生鲜水果品类标准从销售等级标准扩展到水果产业体系标准，整合资源以达到建设共生共赢生态体系、实现全产业链合作增值的目标。

五、零风险，助推参与者积极性

百果园成功的一条重要经验是"平台 + 合伙人"运作管理模式。百果园总部专注于打造供应链服务平台，而门店则采用店长合伙制。店长、片区管理者和大区加盟商共同投资并参与门店运营。经营参与方齐心协力做"好吃"的水果，按投入资金和劳动分享经营成果。

百果园的权责利结构是这样设计的：店长投资并占股 80%，负责门店的经营工作；片区管理者投资并占股 17%，负责片区门店的管理；大区加盟商投资并占股 3%，负责门店的选址；百果园总部不出资、不占股、不收加盟费，专注于连锁系统的管理、运营、人才输出、品牌运营、人员培养和培训。在收益分配上，百果园与其他连锁企业不同，不收加盟费，无商品差价，仅收取门店利润的30% 作为收益，剩余的 70% 利润按照相应的股权比例分配给店长、片区管理者和大区加盟商。

百果园还制定了利益保障制度：①亏损补贴机制。如果加盟店亏损，亏损额全部由百果园承担。如果连续亏损三年，公司会对门店进行评估，确定是否关闭。相当于公司为门店承担了三年的亏损份额。②最低分红基数保障。即使门店出现亏损，员工也能获得最低分红保障。这种利益保障制度对门店参与各方都有极大的吸引力，对于拿钱开店的员工来说，无需担心经营风险，亏损补贴政策和基础分红保障能刺激门店投资各方放心"投入"。

为了促进门店扩张和使店长股权动态变化，百果园设立了门店股权退出机制。当店长需要退出股权时，早期投入资金将按原数返还，同时店长还可以一次性获得门店分红收益的 3 倍补偿。这一政策进一步打消了投资者的顾虑，又能激励能力强、经验丰富的店长退出原有的老店，去开拓新市场。

百果园的"零风险投资 + 店长合伙制"模式是其门店数快速扩张的主要动

力因素。只要百果园"好吃"品牌核心价值被越来越多的消费者所接受和认可，放眼全球，其需求市场是巨大的，再加上其零投资风险的运作体系，可以期待百果园将会发展成为"全球最大的水果连锁零售企业"。

参考文献

[1] 昝慧昉. 百果园：像麦当劳一样卖水果 [J]. 时代经贸，2013（5）：70-71.

[2] 陈小红，徐斯，陈明. 探析水果连锁超市成功路径：以深圳百果园为例 [J]. 现代园艺，2014（23）：101-103.

[3] 百果园并购果多美创行业最大并购案 [J]. 中国战略新兴产业，2015（24）：83.

[4] 林霞. 百果园水果连锁超市的经营状况及营销策略探讨 [J]. 市场论坛，2016（4）：36-39.

[5] 郭全美. 服务营销：百果园成功之道 [J]. 特区经济，2017（1）：125-127.

[6] 盛玲. 余惠勇：执着的"水果疯子"[J]. 中国农村科技，2018（12）：70-73.

[7] 吴勇毅. 百果园数字化成就水果新零售 [J]. 上海信息化，2019（2）：44-47.

[8] 陈振江. 利他"百果园"[J]. 创新世界周刊，2019（7）：78-81.

[9] 汤海波. 百果园 VI 设计过程与设计原理探析 [J]. 现代营销（信息版），2019（8）：86.

[10] 李艺文. 百果园：有产业支持的"心零售"[J]. 农经，2019（Z1）：64-67.

[11] 林豆豆. 生鲜行业新零售发展现状分析：以百果园为例 [J]. 现代商业，2019（22）：5-6.

[12] 于平平. 余惠勇："归根"再出发，入局大生鲜 [J]. 营销界，2020（1）：47-80.

[13] 陈冠西. 深圳百果园公司营销策略研究 [D]. 南宁：广西大学，2021.

[14] 孙鹏. 实践出来的水果一体化新零售 [J]. 数字经济，2021（3）：56-59.

[15] 董雨晴. 新零售背景下水果零售企业商业模式价值创造研究：以"百

果园"为例 [D]. 南昌：江西师范大学，2021.

[16] 百度百科. 百果园（水果全产业链企业）[EB/OL]. https：//baike. baidu. com/item/百果园/1654640？fr = ge_ ala.

[17] 百果园官网. https：//www. pagoda. com. cn.

[18] 详解：疫情下百果园的突围之路 [EB/OL]. https：//xw. qq. com/cm-sid/20200330A0OHZH00.

[19] "不好吃瞬间退款" 10 分钟读懂百果园 16 年发展之路 [EB/OL]. https：//www. sohu. com/a/241729704_ 100198426.

[20] 江西农村娃打造的百果园，能成为水果行业的京东吗？[EB/OL]. https：//m. thepaper. cn/baijiahao_ 18013821.

[21] 创业连亏七年，他反败为胜开出 3000 家门店，年入 85 亿 [EB/OL]. https：//www. sohu. com/a/332235885_ 737625.

[22] 百果园 IPO：打造 31 个水果品牌 精准营销提振毛利率水平 [EB/OL]. http：//www. zqrb. cn/gscy/qiyexinxi/2022 – 12 – 29/A1672285036436. html.

[23] 百果园如何发展 5000 + 店和年入 120 亿？创始人余惠勇这样分享 [EB/OL]. https：//www. sohu. com/a/507150474_ 120370601.

[24] 全球水果零售老大百果园：从零到百亿的扩张之路 [EB/OL]. https：//www. sohu. com/a/410745571_ 100256083.

[25] 百果园 "十年数据说，可信中国人" 发布会，余惠勇董事长演讲全文 [EB/OL]. http：//biznews. sohu. com/a/423438289_ 120181749.

[26] 百果园：中国水果连锁零售第一股的崛起，加盟模式怎么设计的？[EB/OL]. https：//www. sohu. com/a/737711194_ 121707539.

[27] 百果园的商业模式是什么？[EB/OL]. https：//www. zhihu. com/question/60607115/answer/3177220011.

[28] 上市后首份 ESG 报告出炉，百果园是怎样守住水果 "安全" 防线的？[EB/OL]. http：//news. sohu. com/a/674646033_ 120773109.

[29] 百果园 ESG：围绕 "好吃" 二字，勾勒水果行业未来蓝图 [EB/OL]. https：//zhuanlan. zhihu. com/p/630746348.

[30] 全链条把控，百果园是如何做好标准化、数字化的？[EB/OL]. http：//fashion. ynet. com/2023/12/07/3702648t3228. html.

第十三章
"OMO" 经营模式的生鲜食品新零售——盒马鲜生

案例简介

盒马鲜生是阿里巴巴集团于 2015 年建立的生鲜食品新零售业态，2016 年 1 月第一家盒马鲜生线下门店在上海浦东开业。区别于传统零售，盒马鲜生运用大数据、互联网、自动化等先进技术及设备，把门店打造成有机的整体，流程化、数据化、标准化管理供应链、仓储以及配送三个环节。区别于传统生鲜电商，盒马鲜生高度融合线上线下经营，线上消费者可于盒马 App 下单，并用支付宝付款，盒马鲜生承诺三公里内"30 分钟"配送；线下门店提供"餐饮＋零售"的体验式消费，方便上班族，也让消费者亲自确认产品质量，有利于形成线下拉动线上消费，线下门店也是仓库，线上订单直接从门店发货，前端门店到后台装箱，全部用物流带运送，减少仓储费用、降低生鲜产品养护和管理的成本、控制配送时间。盒马鲜生打造了"生鲜食品超市＋餐饮＋App 电商＋物流"的复合型商业综合体，被称作"新零售标杆"。

盒马鲜生以全新的经营模式将新鲜食品的生产者与消费者连接起来，有效地解决了物流末端的配送问题，使顾客享受到"体验型"消费。2023 年 4 月盒马鲜生与中金、摩根士丹利等投资机构合作，筹备上市事宜。2023 年盒马鲜生线下门店已超 300 家，线上交易对盒马鲜生交易额的贡献超过 65%，盒马鲜生整体交易额超过 550 亿元，同期经营一年以上的盒马鲜生自营门店中有超过 90% 实现了正现金流。目前，盒马鲜生在生鲜电商十大品牌榜排名第一，在中国消费者常用生鲜电商平台排名榜排名第一。

第一节　品牌产生背景及发展情况

一、品牌产生背景

盒马鲜生是阿里巴巴集团对线下超市完全重构的零售业态。它于 2015 年 3 月作为阿里巴巴集团旗下一个新事业部开始运作，2016 年 1 月 15 日在上海浦东开设了第一家门店。阿里集团遵循以动物命名的习惯，取名"盒马鲜生"，成为阿里集团"动物园"中新的一员（"动物园"中还有天猫、菜鸟、蚂蚁、飞猪、神马、闲鱼等）。

盒马鲜生联合创始人、公共事务部负责人沈丽女士曾说，为新成立的生鲜食品超市取名时，循着阿里集团对新公司以动物命名的惯例，她们想：有什么动物是嘴巴大大的，吃得也很多呢？最后答案就是河马。仅以河马来命名显得单调、没有内涵，于是替换成了河马的谐音词——"盒马"。"盒马"是卖生鲜的，为什么要叫鲜生呢？因为盒马鲜生最初是在上海开店的，上海男人顾家爱做家务的形象一直都很鲜明，而且上海女人喜欢称呼丈夫为"先生"，所以就取了"先生"的谐音——"鲜生"。"盒马鲜生"品牌就这样诞生了。

盒马鲜生超市起初是作为阿里集团旗下的新零售事业部运作的，主要是探索新零售经营模式。2017 年 7 月 14 日，阿里巴巴集团董事局主席马云和 CEO 张勇等人来到上海的盒马鲜生门店，品尝了刚刚出炉的海鲜；这个不为人知的阿里"亲儿子"被推到了聚光灯下，阿里集团宣告"盒马（中国）有限公司"正式成立，实行独立运作和经济核算。

根据业务扩大的情况，"盒马鲜生"又修改了名称，除了在推广生鲜产品时保留"盒马鲜生"四个字外，其余情况则只保留"盒马"二字。目前，盒马公司旗下除了盒马鲜生新零售主业态外，新业态还有：盒马 F2（便利店），盒马 mini（社区超市），盒马里（购物中心），盒马小站（前置仓），盒马菜市（卖菜场），盒马 Pick'n go（智能取餐柜），盒马邻里（社区团购），盒马奥莱（折扣店），盒马 Premier（精品超市）。盒马公司形成了"一大（盒马鲜生店）N 小（多个小业态店）"的新零售布局。

二、品牌发展情况

盒马鲜生自 2015 年 6 月作为阿里巴巴集团旗下新零售业务开始运作以来，2016 年 1 月开设第一家生鲜超市，按照"线上＋线下＋物流"的新零售模式，迅速在全国大中城市扩张。至今，"盒马鲜生"已打造成"生鲜食品超市＋餐饮＋App 电商＋物流"的连锁复合型商业综合体，被称作"新零售标杆"。

盒马鲜生品牌发展过程中的重要时期和事件：

（1）2015 年 6 月 2 日，上海盒马网络科技有限公司成立，注册地为中国（上海）自由贸易试验区浦东大道 2 123 号。

（2）2016 年 1 月，盒马鲜生在上海金桥广场开出首店，购物结算一律使用盒马 App 平台支付宝付款。

（3）2017 年 7 月，阿里巴巴集团总裁马云到盒马鲜生上海金桥店考察，并确定将"盒马鲜生"由事业部变为独立公司化运作。

（4）2018 年 8 月，盒马鲜生宣布与全国 500 家农产品基地合作，打造"新零供"关系。同年 8 月 11 日，北京居然之家家居连锁集团与盒马牵手后的首个门店正式落地居然之家顺义店。同年 9 月，盒马新发布零售系统 REXOS。同年 12 月 12 日，盒马第 100 家门店在武汉开业。

（5）2019 年 6 月，盒马入选"2019 福布斯中国最具创新力企业榜"，名列榜单第一位。同年，进入"互联网＋社区服务提供商 TOP50"，排名第 4 位；进入"智慧零售潜力 TOP100 排行榜"，排名第 9 位。

（6）2020 年 8 月，盒小马首创"网订柜取"新模式。同年 10 月 1 日，全国第一家盒马 X 会员店在上海浦东开业，成为仓储式会员制门店模式中的首个中国品牌。同年，盒马入选"2020 福布斯中国最具创新力企业榜"和"在线新经济（上海）50 强榜单"。

（7）2021 年 5 月 8 日，数字人民币接入盒马子钱包。同年 7 月，打造普惠版"盒房区"——盒马邻里。同年 12 月 9 日，盒马在成都成立食品科技公司。同年 12 月 20 日，纽澜地·阿里巴巴盒马鲜生数字农业牛肉产业集群在山东淄博正式投产。同年 12 月 24 日，盒马在深圳南山区鸿洲新都开出深圳第 25 家新店。同年，荣获"2021 年度北京十大商业品牌模式创新奖"和第十四届"21 世纪卓越商业模式公司"称号。

（8）2022 年 1 月，国联水产公司与盒马签署合作框架协议。同年 2 月，盒马与广西南宁相关单位完成项目签约,计划将两家盒马门店落户南宁。同年 6 月 9 日,全国首批零碳认证有机蔬菜统一在盒马全国门店上线。6 月,盒马 App 已经完成信息无障碍改造,未来将持续投入、升级标准。7 月,盒马位于武汉、成都的两座供应链运营中心全面投入使用。

(9) 2022 年 10 月 31 日,盒马 CMO(首席商品官)赵家钰表示:盒马鲜生门店销售额 2022 年同比增长达到了 25%;盒马 X 会员店渠道增长超 247%;奥莱渠道的增长则高达 555%。11 月 15 日,盒马在杭州自建的供应链中心正式投产。12 月 8 日,盒马西北供应链运营中心项目竣工交付仪式在西安市西咸新区沣东新城举行。

(10) 2023 年 3 月 30 日,盒马正式宣布上线 "1 小时达" 服务,将为距离门店 3 ~ 5 公里的区域,提供最快 1 小时送达的配送服务,配送费及免运费门槛与 3 公里内保持一致。4 月 19 日,盒马鲜生与中金、摩根士丹利等投资机构合作,筹备上市事宜。6 月 30 日,盒马在北京、上海、广州、深圳、杭州、西安、合肥、郑州等地,同时开出 8 家门店。7 月,历时 3 年的盒马上海供应链运营中心全面投产。11 月 6 日,盒马鲜生宣布,旗下 "全球购" 业务全面升级,将在更多盒马门店开设线下体验店,为消费者提供进口商品线下体验、线上下单次日达的服务。11 月,盒马鲜生 App 正式开通银联二维码。

第二节 品牌标识与市场定位

一、品牌命名与标识

1. 品牌命名

"盒马鲜生" 的命名,遵循阿里巴巴集团以动物命名的习惯,当然也是为了吸引顾客而别出心裁,并与当时大部分电商的动物名称做对比,选择了河马这种大型动物,寓意这个新零售店体型更为庞大,气势更胜一筹。又考虑 "河马" 名称太直白,并考虑最初业务是做高档盒饭,便取其谐音为 "盒马"。后来业务调整,改做生鲜门店,因此将 "生鲜" 二字调换位置,就成了 "鲜生" 之名。"鲜生" 与 "先生" 谐音,使人联想到 "高品位" 之意。

盒马鲜生把 "河马" 叫成 "先生",起初一看令人费解,但正是这么一个令人费解的、古怪的名字，使得阿里巴巴集团的新零售业态门店品牌名快速传遍大江南北，吸引了众多商业界的同行和消费者。

后来盒马鲜生根据不同场合和业态，在品牌名称上作了区别使用，仅在推广生鲜产品时保留"盒马鲜生"四个字，其余情况则只保留"盒马"；用户手机上的 App，也一直只有"盒马"两个字。名字改动，盒马的品牌宣传口号也随之改变，以前是"有盒马购新鲜"，现在改为"鲜·美·生活"。

在阿里巴巴文化熏陶下，以前只注重生鲜板块发展的盒马鲜生重心慢慢地往社区生活服务上靠拢。在阿里集团的帮助下，盒马从慢慢行走变成了"一头飞快奔跑的盒马"，通过增加 30 分钟急宅送、24 小时服务的项目，打通线上线下关系，连接白天黑夜，不断满足和激发周边用户群体需求，使得盒马和周边社区用户群体之间黏性大大增强，用户群体复购率也大幅度提升。盒马所做的这一切，其实都是围绕着新口号所展开，这改变的背后离不开"利人"。立足于"人"的基础上，打破原本范畴，赋予更多实用创意，这就是盒马改变名字的原因所在。

2. 品牌标识

盒马鲜生品牌 LOGO 如图 13 - 1 所示。标识图形为一个河马头的卡通造型，突出大嘴巴，嘴巴中间是无穷大的形状，看起来非常能吃；同时，也表达盒马鲜生的事业是与食品有关的。字体设计中，由于盒子的"盒"比"马"的笔画要多，所以"盒"和"马"要取得均衡感，把"盒"字最下面一横笔触一直延伸到"马"字最下面的中部；"盒"字设计既像一个家，给人宾至如归的感觉，也像一个大厨，"皿"部首像烹饪的盘子，代表盒马提供美味佳肴；"马"字微微倾斜，其含义是希望其服务能让用户感知到快速送达的感觉；"鲜"字作了艺术化处理，偏旁"鱼"中间增加了一小片绿叶，象征新鲜食材。字形方面采取了笔画圆润、结构方正的字体，因太圆会显得比较幼稚，太方正则缺少亲和力。整个品牌 LOGO 表现出简约、时尚、可爱、国际化。

盒马鲜生会员连锁门店的统一装潢标识如图 13 - 2 所示。

图 13 - 1 "盒马鲜生"的 LOGO

图 13 - 2 盒马鲜生会员连锁门店

随着盒马鲜生新业态的增加，业务范围扩大至社区生活服务，于是"盒马鲜生"品牌 LOGO 将"鲜生"二字去掉，并增加新的品牌口号"鲜·美·生活"，变成新的品牌 LOGO（见图 13 -3），主要用于非生鲜零售店场合。

图 13 - 3 "盒马"的 LOGO

盒马目前没有明星代言人，但是有自己创作的代言人——盒马先生。盒马先生形象有着人格化特征：大暖男，做事认真，憨态可掬（见图 13 -4）。

"盒马先生"已在 IP 层面激发出了粉丝效应，其卡通玩具很受粉丝青睐。

图 13－4　盒马鲜生的卡通人物形象

二、市场定位

1. 品牌核心价值

盒马鲜生的核心价值是线上线下一体化生鲜食品新零售，让吃变得快乐，让做饭变成一种娱乐；让消费者在家里做每一顿饭的时候都能够享受乐趣。

盒马鲜生整合上游供应商，筛选优质厂家，实现品质把控；运用先进的冷链物流与仓储系统，通过数字化精准营销与数字化门店管理，线上线下多渠道提升销售效率，以新零售业态取代传统零售。

2. 品牌产品主要特点

盒马鲜生以生鲜电商和外卖餐饮为切入口，通过 App 和线下门店为用户提供从生鲜食品到餐饮服务的一站式购物体验，满足用户随时随地吃的需求。其品牌产品主要特点如下：

（1）线上线下业务高度融合。线上、线下所售同一商品均是同一品质、同一价格；线下用户强体验为线上服务背书，进行引流；线上下单，提供快速物流配送服务。

（2）采用单一的盒马 App 支付宝结算方式。用户在支付时，需要在手机里下载相关的软件，然后通过软件内部提供的支付宝链接完成支付过程。

（3）下单后最快 30 分钟内送达。产品从 −18℃ 到 60℃ 都可实行保温配送，省去消费者外出买菜、翘首等外卖的麻烦，够快才够新鲜，准时才够方便。

（4）主打生鲜产品和即时餐饮。生鲜产品是盒马鲜生的主打特色，中高端品类产品占比高。并且店内有餐饮区域，部分生鲜支持现买现做，商品采用统一包装，无散装，强调新鲜，优质。盒马鲜生在整个店里面设置了大量的分享、DIY、交流等区域，让"吃"这件事变成娱乐，让消费者产生强烈的黏性。

3. 市场定位策略

盒马鲜生的目标消费者是新生代 80 后、90 后消费群体，他们是互联网的"原住民"，一是人口基数足够大，奠定了未来消费潜力；二是他们的消费能力与消费意愿均超越了上一代，更关注品质，对价格的敏感度不高。

盒马鲜生的消费需求场景是基于消费场景定位的，即围绕"吃"这个场景来构建商品品类。在吃这个环节上，盒马鲜生推出了大量的半成品和成品，以及大量加热就可以吃的商品，让食物品类结构更加完善、丰富。

第三节　品牌营销策略

一、主要营销策略

1. 以"鲜"促销

盒马鲜生不断进行品牌升级，品牌口号从此前的"有盒马购新鲜"升级为"鲜·美·生活"，重新对"鲜"进行了定义，并规定了鲜度管理，从最基础的食材新鲜，到生活鲜的升级，倡导了一种全新的"鲜美"生活方式。

盒马鲜生在食品保"鲜"上，已经形成了一些成熟模型，可以从生鲜复制到其他品类。以标品为例，消费者选购常规标品有两大痛点，一是常温，没有冷、热等温度可供选择；二是常温产品多为长保，相对一些冷藏保鲜产品来说添加剂较多。因此盒马鲜生的升级方向是将长保升级为短保，将短保升级为 24 小时当天，将 24 小时当天升级为现制热出，实现生鲜、3R（Ready to cook，Ready to heat，Ready to eat，亦即盒马鲜生的三个特色服务：即烹、即热、即食）的全品类覆盖，满足消费者对极致新鲜的追求。日日鲜系列就是这个升级路径的体现。

截至 2020 年底，盒马鲜生的自有品牌"日日鲜"已达 400 多种商品，品类也从蔬菜、牛奶逐渐扩充到水果、肉禽蛋等其他产品线。盒马鲜生运用大数据、移动互联、智能物联网、自动化等技术及先进设备，实现人、货、场三者之间的最优化匹配，从供应链、仓储到配送，都有自己的完整物流体系。据调查统计，盒马鲜生"日日鲜"产品的复购率很高，有的甚至是普通菜品的 2 倍以上。

盒马鲜生的供应链主要有海外直采和国内原产地直采—温控式加工检测中心—店仓融合，保证其生鲜产品的新鲜度。为对农产品进行直接采购，盒马鲜生建立了覆盖全国的冷链物流配送体系。

2. 体验式营销

目前，盒马鲜生在全国 27 个城市拥有超过 300 家门店，覆盖了包括北京、上海、广州、深圳等一线城市，以及许多二线城市。

盒马鲜生线下门店既是一个超市，又是一个餐饮店，就像一个大的菜市场。里面的物品非常丰富，特别是生鲜类食材繁多。海鲜是其中比较受消费者欢迎的一类食材，盒马鲜生门店的海鲜是可以现场加工、现场烹调、现场吃的。这能带给消费者相当好的体验，而且出品不比海鲜店的差，物美价廉。

盒马鲜生巧妙地利用线下门店的体验式营销模式，让顾客能在超市里购买现场加工、新鲜又健康的食材，使许多顾客对盒马鲜生的环境和食品质量产生信任感和品牌好感，二次购物时就会直接网上下单，形成了线下体验拉动线上消费的模式。这就是典型的新零售模式。

3. 会员制营销

盒马鲜生的会员分为两种类型：普通会员和高级会员。普通会员不需要缴纳会费，只要完成第一次购物结算就自动成为普通会员。他们可以享受一些基本的优惠和服务，例如购物积分、优惠券、免费试吃等。但是，普通会员无法享受一些高级会员的特殊权益，例如免费配送、专享折扣等。高级会员需要缴纳一定的会费，会费标准根据不同的地区和门店而有所不同。他们可以享受更多特殊权益，例如免费配送、专享折扣、免费停车等。此外，高级会员还需要满足一定的消费条件，例如每月消费满一定金额等。

盒马有三大主力业态（X 会员店、鲜生店、邻里服务站），高级会员（付费会员）资格是各业态共享的，不仅能在 X 会员店使用相关权益，还能在盒马旗下所有门店及 App 上使用。普通会员可在盒马门店购物，同样能感知到盒马业态带来的好处，有可能在潜移默化中，产生升级为付费会员享受更多优惠权益的认知，从而转化成付费会员。

盒马在加深会员对平台的依赖性方面做了很多功课。"会员日"能让用户真正体会到身为会员的福利和待遇，固定日期也能让用户养成定期参加的习惯。开通盒马 X 会员服务时，用户可以自由选定每周二或周三为会员日，当天购物消费可享 8.8 折。每到会员日，盒马还会将一些商品的价格标签换成会员标签，直接计算出优惠，能让会员直观感受到会员这一身份带来的价格优势。

不仅如此，成为盒马 X 会员后，会员每天线下购物满 9.9 元即可免费领取指定蔬菜。这些赠品虽然单价很低，但对于生活在盒马会员店周边的会员来说，每天顺路领个免费菜，无疑十分划算。而且，会员每天都到店排队领菜，在店里待的时间越长，显然也能为品牌带来更多生意增长的可能性。

盒马 X 会员每消费 1 块钱积 2 分，每积满 500 分，在盒马 App 或门店下单结算可以直接抵现，单笔订单最多抵扣 1 000 分，也就是 10 块钱。此外，每周会员可以领取 6 张不同品类的 5 元购物券，且烘焙券、肉禽券、牛奶饮品券、有机蔬菜券、预制菜券等都是满 29 元即减，非常实用。

通过设置较低的积分门槛及较低的优惠券使用门槛，盒马的会员体系能让会员享受到实实在在的优惠，从而形成付费会员更省钱的认知。

与此同时，依托于阿里数字平台，盒马 X 会员店在结账买单时直接刷脸即可确认会员身份，无需使用 App 会员卡扫码确认，也进一步优化了会员的购物体验，让会员产生浓厚的复购意愿。

4. 网络营销

盒马用新的互联网思维及技术手段，构建新的营销体系。会员制、支付宝支付，实现顾客自动注册，有效使顾客信息数字化、在线化；从连接顾客的方向入手，App 营销与顾客保持连接与互动，实现实时推送、实时顾客互动；微信群、公众号、直播营销，主题明确、专人维护，进而增强顾客黏性、提升顾客价值。

2021 年盒马鲜生和王饱饱打造了一场"夏日轻食"的活动，在微博上制造了"吃减肥餐时的你"的话题。按照微博官方的数据，该话题的阅读次数达到 4.2 亿次，超过 5.3 万用户参与讨论，整个 6 月话题讨论一直处于高峰期，单日的话题阅读量高达 7 000 多万，一度冲上微博热搜第 39 位。盒马鲜生和王饱饱在微博话题升温的同时，选择在抖音、小红书等渠道上进行同步推广，利用短视频测评、图文晒单等内容形式持续输出新品燕麦杯的上市信息，以短时间内"饱和攻击"的形式占领用户的交流场域，趁热打铁树立了目标人群对于品牌和产品的认知，并激发消费者的购买欲。

此外，盒马还与众多"网红"、博主、普通消费者等合作，邀请他们到盒马鲜生店铺体验"新零售"的魅力，并且将消费体验反馈到网络，引起网络话题讨论。盒马鲜生店的不少特色产品如"马云套餐"、盒马螺蛳粉青团、助眠茉莉沉香茶等，在知名网站如新浪、网易、搜狐、知乎、微博、小红书和各大微信公众号都有大量的消费反馈信息，话题热度的增加引起更多潜在消费者的关注和兴趣。

5. 爆款产品开发

盒马在新产品开发、特别是在爆品打造上，积累了一些可复制的方法和经验。

（1）精准预判需求升级方向。盒马将消费者需求划分为四类：基础认知、安全需求、功能需求、情感需求，不同类型的需求对应着不同的商品属性，根据不同的商品属性挖掘领先的下一步需求。

比如在果蔬这个类别上，2019年盒马推出了"零"系列，意为比普通果蔬更健康一点，满足的是更高的食品安全需求；2020年推出了树上熟、高山鲜、苗苗菜系列，通过一个关键词，表达消费者关注的品质感、鲜度等功能需求，向消费者传递这类商品质量提升的信息。

从数据来看，盒马用户对绿色可持续发展的认可度比较高。2021年，盒马村系列、盒马有机系列上线，盒马村带动乡村振兴，有机系列更健康环保，正是和消费者关注绿色健康、环保公益的情感需求共鸣。目前，盒马有机商品增长速度很快，除了大众熟知的菜肉蛋奶外，也囊括了粮油调味、干货零食等品类。

（2）在常规产品中寻找突破口。这是一种基于新要素与新需求结合的新产品开发，可创造蓝海市场。

如爆品"盒马鲜啤"，针对"饮酒量大的工业啤酒消费者"这一规模化潜力人群，以及人群对于"新鲜好喝又不贵"的细分新需求，盒马运用"28天锁鲜"这一新技术要素，结合三者催生出了"盒马鲜啤"。

针对"鲜奶消费者"这一规模化潜力人群"喝牛奶像喝饮料"的细分新需求，再以香芋、白桃、香蕉、樱花山茶等创意口味配方做新营销要素，盒马口味奶系列就诞生了。

冷泡汁则是针对烹饪新手及家庭简单烹饪场景，以及夏季想要清爽口感的细分新需求，结合近几年社交媒体上话题度较高、好做好吃又好看的捞汁小海鲜等菜品，以"冷泡"的方式带给消费者夏日一料成菜、快速出餐的复合调味品新选择。

（3）产品包装创新。盒马鲜生通过包装创新，从多方面提升消费者的体验附加值。

比如盒马海产干货系列，采用了与江南大学合作研发的抗菌膜专利技术进行包装，保证了产品新鲜又防霉，升级了产品的品质体验。乐事盒马独家定制超长礼花棒系列，通过把传统包装延展扩大，甚至定制化造型，制造视觉冲击和惊奇感，增加了场景感和传播力度。IP联名包装则增加了趣味性，很多品牌都和盒马的自有IP形象做了结合，如盒马和伊然联名的乳矿奶茶就是一个发售后广受欢迎的商品。

（4）联合品牌产品开发。就是和一些知名品牌合作，联合开发新产品。

其中，有盒马与小浣熊联名推出的产品"干脆摇摇乐"。大海鲜是盒马的一个产品品类，盒马也有30分钟送达热海鲜的服务。统一集团旗下的小浣熊干脆面不论是味道还是揉碎加料包摇一摇的吃法都是许多人的童年回忆。通过盒马和小浣熊两个IP的优势品类关联，将小浣熊干脆面作为一种配料，将典型的"摇一摇"吃法和炸鸡/排骨/皮皮虾结合成一道现制小吃，更有互动感和自己DIY的感觉，也能充分利用30分钟送达的服务，覆盖日销盒马顾客和外卖人群，商品上线后销售火爆。

盒马与乐事薯片品牌合作，推出了长条加油棒薯片。该产品以乐事经典口味薯片＋超长薯片桶包装，满足世界杯观赛期间的零食需求的同时，也凭独特的超长大包装满足消费者与朋友分享或社交媒体拍照分享的需求。

盒马与东发道品牌合作，推出了流心奶黄八宝饭。即利用东发道茶冰厅茶道与传统八宝饭相结合，或者和一些"网红"茶饮融合，并引入新生代更喜欢的香芋、奶黄、芝士等口味，获得了年轻消费者的喜爱。

6. 大数据营销管理

盒马鲜生App沉淀着大量的用户基本信息与用户完整的行为轨迹。盒马通过对海量数据的深入挖掘和分析，洞察和感知用户的消费趋势，并根据这些信息指导企业进行精准营销，进而提高客户满意度。例如，盒马鲜生基于门店人群、商品、食材、菜谱等数据，借助阿里云图数据库管理系统，构建商品图谱知识引擎，用于优化菜谱搭配、生鲜搭配，标品搭配等，进一步为终端用户提供智能推荐服务，提高顾客购买率，并为探索新的业务场景和数据服务打下基础。

大数据技术实现消费者自主购买，提高购买积极性。盒马鲜生App上消费者可以获得产品的基本信息，还可以获取其他用户对商品的购物体验等信息，比如消费者在购物时可通过商品的销售数量、用户评价等，判断是否购买该商品，而不是仅仅通过店员了解商品。

盒马鲜生利用大数据确定用户画像，根据不同用户画像进行细分，挖掘用户的购买偏好，在任何场景下都能智能化地推送他们所需要的信息，例如用户感兴趣的相关产品、做菜视频等。

盒马鲜生运用大数据，移动互联网等技术以及先进设备，实现人、货、场的最优化匹配，规定门店附近 3 公里范围内 30 分钟送达，满足消费者对速度快的需求，为消费者提供便利，提高客户满意度。

盒马鲜生运用大数据技术更精准地进行商品的采购管理、上架管理、库存管理，以及精准的广告投放和推送。盒马鲜生充分利用了阿里集团在电子商务技术、商业运营、供应商渠道方面的优势，建立了强大的供应链体系和买手制度。盒马鲜生全球买手经过大数据技术的分析，迅速锁定优质的供应商，并根据消费者的消费需求有序地甄别供应商和严选商品，使得商品更能符合消费者需求，而消费者的消费数据和反馈又可以作为供应商供应商品的参考。盒马鲜生表面上看无异于传统实体零售，而实质上是运用大数据管理技术做"新零售"。

二、不同发展阶段营销策略

1. 市场导入期

这一阶段从 2015 年阿里巴巴开始探索线上线下一体化的"新零售"至 2018 年盒马鲜生门店数达到 100 家。在这一阶段，"新零售"的思想尚未完备，盒马鲜生经营模式在探索之中前行。期间，盒马鲜生陆续推出了多个产品品类。

2017 年 3 月，盒马旗下自有品牌"盒马工坊"成立，和多个新老品牌合作，推出个性化新小吃。盒马还推出了自有品牌"日日鲜"系列，产品"只售一日"，为消费者提供当日新鲜的蔬菜和肉类产品。

2018 年，盒马试水"X 会员计划"，盒马 X 会员卡可使用的范围包括了盒马鲜生、盒马 X 会员店等多个服务业态，X 会员卡的权益包括了免费领菜、专享价、专享券等。

每家盒马鲜生实体门店开业时会发放大量新人券，并且通过赠送礼品卡和50 元新人礼包的方式鼓励用户邀请好友注册。盒马鲜生每逢节假日推出的促销活动对用户具有强大的吸引力。经过三年的布局和发展，盒马鲜生的产业链日趋完善。新版零售系统 REXOS 采用后，盒马鲜生"新零售"电商网络结构日益完整。

2. 快速发展期

这一阶段是从 2019 年正式成立盒马（中国）有限公司到 2022 年底。由于"新零售"业务从阿里巴巴集团独立出来运作，享有集团给予的资金、人力等支持，盒马进入快速发展阶段。这一阶段盒马实施从"大店"模式到"小店"模式的战略调整。2020 年初新冠疫情暴发，盒马线下门店业务受到较大影响，但线上电商业务还在较快增长，盒马整体收入受影响不大。

2020 年新冠疫情暴发后不久，盒马就成立了 3R（即热、即食、即烹）事业部，并发力旗下自有半成品品牌"盒马工坊"。2020 年 8 月，盒马推出盒小马"网订柜取"新模式。2021 年 5 月，X 会员权益迎来升级，会员在盒马可享受包括会员日 88 折、购物返积分、0 门槛免运费等 8 项权益。2021 年 7 月打造普惠版"盒房区"——盒马邻里。扩大了盒马的影响圈层，使部分居住地偏僻的用户也可以享受到盒马的服务。2021 年 9 月 8 日，盒马宣布全面升级旗下酒水业务，在北京、上海、深圳、杭州等 10 个城市开张首批 10 家"盒马 X18 酒窖"，将在全国门店近 300 家门店陆续完成改造升级。2021 年底，盒马在全国近 300 家门店开始陆续推出"盒马烘焙"专区，明厨制作、现制现售，主打到家场景，并在上海线下门店推出"盒马鲜火锅"。

2022 年 6 月，盒马 App 已经完成信息无障碍改造，未来将持续投入、升级标准。盒马的鲜花、X 会员、烘焙、火锅、App 等方面的操作都是对于盒马原有业态的升级改良和补充，使盒马七大业态基本成型（盒马鲜生、盒马菜场、盒马 F2、盒马 mini、盒马小站、盒马 Pick'n Go 和盒马里）。盒马形成了拥有自有品牌体系、全球化直采体系、高效的盒马供应链系统的品牌格局。

3. 稳定发展期

这一阶段是从 2022 年 12 月底至今。2023 年 3 月 30 日，盒马正式宣布上线"1 小时达"服务，将为距离门店 3～5 公里的区域提供最快 1 小时送达的配送服务，配送费及免运费门槛与 3 公里内保持一致。盒马的服务进一步优化，在同类企业之中形成独特的竞争力。2023 年 4 月 19 日，盒马与中金、摩根士丹利等合作筹备上市事宜，准备 2024 年在香港上市。盒马正积极开拓海外市场，向着国际化发展。

第四节　品牌建设主要经验

一、线上网店与线下门店的融合

盒马从原来的"线上发展为主，线下发展为辅"，转为"多业态线上线下协同发展"，将线下订单占比从30%提升到50%，实现了"OMO"（Online-Merge-Offline，也称线上融合线下）经营模式的新零售发展。盒马利用线下服务促进顾客信任，逆向引流，线上带动线下人流量的经营模式，深受年轻消费者的青睐。这种经营模式与一般互联网电商企业的做法已大有不同，意味着盒马开始真正转向线上线下一体化经营，也是对传统零售企业的升级改造，是商业新质生产力的体现。

盒马作为阿里巴巴集团旗下的新零售平台，可获得天猫、淘宝用户流量作为数据支持，并在马云本人的宣传和阿里巴巴、淘宝官方微博账号共同推广下，在较短时间内获得市场知名度，其线下连锁门店一开业就有大量顾客来店光顾，能获得较稳定的收入。盒马借助阿里巴巴集团海量的大数据信息，不仅更容易掌握目标消费群体的消费偏好和消费趋势，而且结合大数据的计算，可以预测生鲜消费的趋势，以更加灵活地规避市场风险。

盒马在不断开线下新零售超市的同时，也在不断切入新型业态，比如便利店、主题餐厅等，除了自营之外，也与传统零售企业合作，用盒马的模式与优势给他们赋能，实现中国零售业转型升级。

二、门店购物与现场体验的融合

过去传统超市的收入主要来源于线下顾客来店购物的收入，而盒马鲜生重构了零售模式，实现了"线上＋线下"的双零售模式。盒马鲜生打破传统零售只售卖商品的业态，实施"零售＋餐饮"战略，强化现场体验，根据场景需求，调整商品结构，售卖"零售＋外卖＋堂食＋加工服务"的全新商品组合。

盒马鲜生还重构店仓结构，将仓库前置，实现卖场与仓库统一。盒马鲜生从诞生第一天开始就自建物流体系，其B2B成本是中国电商平均成本的一半，冷链仓、常温仓、加工中心、门店的物流体系与配送体系，盒马全部选择自建，这部分看不见的资产才是盒马真正的核心竞争力，让整个盒马的供应链体系成本高度可控。自建物流体系也保证了盒马鲜生门店食材的新鲜度，让顾客进一步体验到优质新鲜食材所带来的美食佳肴。

为配合线下门店体验，盒马 App 上设有"食谱""靠谱清单"等栏目，输出烹饪教程、食材选购与搭配等内容，形成生鲜系列知识体系。另外，其门店也经常举办尝鲜活动，星级大厨现场烹饪，顾客可现买、现学、现煮、现吃，满足顾客多层次的消费需求。

盒马鲜生为消费者找到的出门理由就是吃。在门店选好了大闸蟹，就可以直接送到后厨加工，而消费者只需要直接坐在就餐区等着就好。这对于消费者来说，比普通餐厅更加透明新鲜，比在家做更加方便舒适，大大增强了体验感。

盒马鲜生每月的线下试吃活动、基于某一品类的精品品鉴活动以及结合节气推出的樱花美食节等活动，都令吃货们食指大动。而从品牌传播层面，盒马的野心并没有只停留在卖货之上，还关注消费群体所关心的热门话题，如环保、艺术、女性主义等。基于这些话题，盒马不断打造凝聚人气的线下活动。如上海盒马在商场内举办过可持续再生超市环保展览，联合美术馆打造过盒马巡游巴士，在线下店内打造过"超市里的女性影像展"活动等，这些活动都引起了顾客共鸣，既传播了社会主流文化价值，又宣传了企业价值，强化了顾客对品牌的忠诚。

三、信息数字化与生产物流配送的融合

盒马鲜生的信息数字化贯穿于整个产业链和供应链之中。

盒马的产业基地配备了全自动立库、自动存储输送、分拣加工等一系列智能化设备，综合运用 5G、物联网、AI 大数据、云计算、区块链等技术为运输环节、仓储环节、加工环节、监控体系等方面提供有效支撑。全流程智能化、互联网化，自动采集数据，管理者可实现数字化的科学管理决策，从而降低出错率，减少成本。

盒马的商品都实行电子价签标价。电子价签采用电子墨水技术，内含可联网的芯片，工作人员可通过后台随时对商品价格及相关信息进行调整，电子价签因为和商场的计算机数据库相连，能实时准确地显示商品最新的价格信息，如上架时间、新鲜度、热销排位等。除此之外，电子价签在系统中已经记录了所有货品和货架的位置，通过电脑可以计算出最近距离和最科学的"拣货动线"，甚至还

可直接定位货品，工作人员可精准定位进行拣货，将 15 分钟的拣货时间降低到 10 分钟以下。

盒马结合国家乡村振兴战略，探索出推动农业高质量发展的订单农业新模式"盒马村"。目前盒马已在全国建立了 185 个盒马村，其中 41 个是有机盒马村。盒马运用数字技术打通农业上下游产业链，指导农业生产、加工、运输、销售等全链路，以需定产，并与盒马村形成稳定的供需关系。

四、顾客价值与企业赢利的融合

品牌只有体现顾客价值，才能实现赢利。盒马鲜生通过建立会员制，让会员感受到商品的高性价比和现场体验的愉悦心情，从而在实现顾客价值的同时，也实现企业赢利，走上消费者与企业双赢的可持续发展之路。

"现代营销学之父"菲利普·科特勒曾测算出留存顾客的价值："企业争取一个新客户的成本是保留一个老客户的 7 ~ 10 倍，留住 5% 的客户有可能会为企业带来 100% 的利润。"在市场进入耕耘存量顾客群体阶段的当下，会员运营体系已成为更多品牌精细化运营、提高客户留存率的重要抓手。盒马鲜生不断强化会员体系，做更全面更细致入微的运营，让会员与付费的品牌产生更紧密、持续的"进阶"关系。

盒马鲜生在付费制会员模式方面的探索具有重要参考价值：①根据自身业态，设置更加灵活的会员模式，吸引核心用户圈层；②提供更丰富且更具针对性的服务，让用户感受到会员权益的价值；③设置更直接、可操作的会员活动，提升会员参与积极性；④会员运营体系的重点是全面提升用户体验，用户和品牌本身都处于不断变化的过程，会员运营体系也需要不断迭代。

值得注意的是，在会员运营体系迭代的过程中，品牌更需要坚持用户关系经营这一核心，结合自身的经营情况，在试错中沉淀，方能持续深耕用户价值，获得更高效的增长。

参考文献

［1］邢昊．生鲜电商 O2O 模式网络营销研究：以"盒马鲜生"为例［D］．北京：首都经济贸易大学，2018.

［2］王永顺．盒马鲜生新零售营销策略研究［D］．青岛：青岛科技大学，2019.

［3］张宇. 新零售背景下"盒马鲜生"商业模式的优化及发展策略［D］. 长沙：湖南大学，2019.

［4］潘静静，丁戮，孙君，等. 基于"互联网＋"背景下盒马鲜生营销策略分析［J］. 商业经济，2020（10）：66-69.

［5］沈静，郑蓓. 盒马鲜生的营销策略研究［J］. 中国商论，2020（21）：56-58.

［6］陈怡. 基于顾客满意度的盒马鲜生服务营销策略研究［D］. 武汉：华中师范大学，2021.

［7］钟园园. 盒马鲜生"突破重围的秘密"［J］. 中国药店，2021（9）：108-109.

［8］滕紫宸. 基于SICAS模型的盒马鲜生新零售营销策略研究［J］. 经济研究导刊，2021（36）：50-52，60.

［9］吕泳璇，赵婷婷，严红信，等. 新零售全渠道整合策略探析：以盒马鲜生为例［J］. 现代商业，2022（1）：3-5.

［10］苗志娟. "盒马鲜生"新零售模式分析［J］. 合作经济与科技，2022（6）：88-89.

［11］盒马官方网站. https：//www. freshippo. com.

［12］最全最简的盒马鲜生发展史［EB/OL］. https：//www. sohu. com/a/197127840_99998982.

［13］盒马鲜生，古怪名字背后的商业玄机之一：精准锁定目标顾客［EB/OL］. https：//www. sohu. com/a/214379364_100095584.

［14］大爆料！终于知道盒马鲜生为什么会被马云看中！［EB/OL］. https：//www. sohu. com/a/210908272_184881.

［15］盒马鲜生竟然要改名，新名字又有何用意［EB/OL］. https：//www. sohu. com/a/228014793_465282.

［16］疫情过后，盒马鲜生如何自救？［EB/OL］. https：//caifuhao. eastmoney. com/news/20200313164457663818960.

［17］盒马鲜生：创新探索新业态、新模式 加码布局在线新经济［EB/OL］. http：//sh. people. com. cn/n2/2020/0909/c134768-34281831. html.

［18］盒马鲜生的营销模式，你也能做到！［EB/OL］. https：//zhuanlan. zhihu. com/p/77870208.

［19］盒马 2022：从阿里独立，或将以 100 亿美元的估值进行融资［EB/OL］. https：//www. sohu. com/a/517263085_ 121123884.

［20］盒马到底做过多少新业态［EB/OL］. https：//baijiahao. baidu. com/s? id＝1780231664210288921&wfr＝spider&for＝pc.

［21］3 年付费会员近 300 万，盒马是如何做会员运营的？［EB/OL］. https：//www. sohu. com/a/745040415_ 311266.

后　记

　　精选了十三个互联网＋农产品品牌建设案例的书稿已于今年2月完成，但书稿交给暨南大学出版社之后，笔者还是觉得言犹未尽。

　　新冠疫情限制了人们的出门活动，线下门店零售业务因消费者活动受限而经常停业甚至关门闭店，但网上购物异常活跃。互联网＋农产品品牌在此期间得到快速发展，在互联网上，特别是在手机端上涌现出了一批网络爆款食品、一些家喻户晓的生鲜农产品电商品牌；很多食品门店零售商将线下大部分业务都转到线上网店和小程序App上，取得了很大的收益。此书所参考的大部分资料都是描述案例品牌在新冠疫情期间的情况，疫情缓解之后的文献资料和笔者自己亲身感受等则未能在案例中体现。所以，笔者觉得有必要将这些最新情况与之前的情况衔接起来思考，做一个小结。

　　在这个小结式后记里，笔者觉得对于两个重要话题应该阐述一下自己的观点。一是应该从这十三个案例中提取一些共性的经验，即互联网＋农产品品牌建设有章可循；二是觉得应该对互联网＋农产品品牌建设未来发展趋势作一些分析，即互联网＋农产品品牌建设未来展望。虽然要完成这两件事情有一定难度，但笔者觉得值得去做，以供读者阅读、思考和讨论，也算是抛砖引玉吧！

互联网＋农产品品牌建设有章可循

　　在笔者编写出版的《农产品品牌建设案例精选》（暨南大学出版社，2022年）一书中，总结了农产品品牌建设的四条基本经验，即重点打造特色产品、精心设计名称标识、大胆创新营销策略、严格执行市场监管。笔者认为这四条基本经验也适合互联网＋农产品品牌建设。考虑到以互联网为平台的农产品品牌建设与纯实物生产型农产品品牌建设相比，有其特殊性，故笔者从本书十三个案例和其他相关案例研究中总结出互联网＋农产品品牌建设八个要点。以下就"八个要点"逐一说明：

1. 显著的名称标识

现代品牌建设，商标名称必须先行。好的品牌名称和标识不仅让人印象深刻，还能传达品牌理念，给人带来好感。品牌名称及标识是品牌的核心要素。一个好的品牌名称本身就是一条最简短、最直接的广告语，能够迅速而有效地表达品牌的核心价值并引发联想。好的品牌名称应当符合"好读易记、个性鲜明、易于联想"的标准。

"轩妈"通俗易懂，传达出了妈妈对孩子的"爱心"；"网易味央"与网易总裁丁磊连接在一起，借名人的光而名扬天下；"认养一头牛"因其准确传达出独特的"认养模式"而成为网红牛奶品牌；"三只松鼠"利用松鼠活泼灵巧、爱吃坚果的形象将自身打造成电商坚果食品类第一品牌；"良品铺子"直截了当地表达是"卖好食品的店铺"，由线下门店转到线上网店，同样传达了"卖好食品的网店"的品牌理念。只要消费者一走进"良品铺子"门店或一打开网上 App，购买并品尝食品后，就会记住这个品牌的内涵；"沱沱工社"借用长江源头的"沱沱河"之名来表达纯净、未受污染的有机食品品牌；"叮咚买菜"生动形象地表达了用户听到送货员按门铃声的场景，该品牌名称叫起来朗朗上口，一次接触就记住了；"朴朴"向消费者传达了送货像鸽子展翅飞翔那样快速，下单后三十分钟内就会将货物送到的经营理念；"盒马鲜生"这个乍听起来有点古怪的名字，却能准确表达生鲜电商新零售的品牌形象。

"认养一头牛"的品牌标识是奶牛场通用的耳标图形，准确表达了品牌产品生产过程的精细化管理；"三只松鼠"拟人化卡通松鼠的标识，非常直观地展示了坚果类电商业务；"盒马鲜生"的河马大头漫画标识非常吸引人，令人过目不忘；"良品铺子"应用一个简约化的"良"字印章标识，就代表其产品品质是可以信赖的，这是对顾客的一份承诺；"朴朴"选用鸽子作为标识既代表快速，又代表祥和吉利。

2. 标准的特色产品

品牌产品首先要有特色，其次要将这种特色产品做到标准化，这样才能保持品牌产品质量的一致性。种植业产品要按标准化栽培技术规程进行生产；养殖业产品要按标准化饲养技术规程进行生产；生鲜产品物流配送必须实行全程冷链运输。只有遵循统一生产和管理标准，才能确保产品质量的一致性，进而提高消费者复购率和品牌忠诚度。

　　轩妈做的蛋黄酥之所以好吃，网上销售很火爆，就是因为创始人秉承"没有好蛋黄，轩妈不开工"的品质管理理念。特别是对作为产品核心的蛋黄，采用"先打碎，再统一重塑"的加工工艺，并在储运派送环节上强化冷链保护措施；网易味央的猪肉之所以味道鲜美，是因为选用了优质品种，实行了科学的饲料配方和饲养管理，采用了生态环保设施等；认养一头牛的牛奶品质好，是因为奶牛养得好。这些奶牛所住的牛舍是全球先进的高端恒温恒湿牛舍，安装了大型中央空调，冬暖夏凉。牧场里的牛都戴上高科技的智能项圈，可以实时监控奶牛的健康状态；良品铺子的产品都是经过严格挑选，尤其是当家产品更是从原产地到仓库层层筛选而获得；百果园对好吃的水果建立了自己的评价标准体系，即"四度一味一安全"，就是将水果按照"糖酸度、鲜度、脆度、细嫩度、香味、安全性"分成不同等级。鲜度是果品的基本标准，安全性是果业发展的生死线；沱沱工社的蔬菜好吃，就是因为蔬菜是按照有机农业的标准生产出来的；叮咚买菜的标准化生产的预制菜成为新的利润增长点。

　　在网上销售生鲜食品，建立产品品质标准，是塑造品牌的关键，也是提升消费者忠诚度的核心要素。在遵循国家标准、省级标准的基础上，互联网＋农产品品牌还应更加严格要求自己，有一个自己的标准，其中某些指标的数值可能是同行中的最高标准，以突出产品特色，做到高标准、严要求，以质取胜。如认养一头牛的娟姗牧场的牛奶，平均乳蛋白含量达到了3.8%，乳脂率则达到了5.0%，属于高蛋白、高乳脂含量的高端牛奶。

　　一般而言，农产品的生产区域是很广泛的，如枣，在世界上很多地方都可以种植，但气候、土壤、温度、栽培管理上的细微差别，都会造成枣品质的差异。因此，在打造农产品品牌时，一定要选择那些在同类产品中具有突出特色和最佳品质的产品，这样才有明显的品牌竞争力。如良品铺子的当家产品"脆冬枣"之所以好吃，就是选自被誉为"枣中极品"的河北省黄骅市国家地理标志产品——黄骅冬枣。

　　3. 丰富的文化内涵

　　品牌虽然表面上看只是标识与文字的组合，但其背后有丰富的文化内涵，它蕴含着与消费者建立的情感联系和文化认同。在消费升级的大背景下，消费者不仅消费农产品的使用价值，更消费其品质、文化和情怀等社会价值。

　　品牌的文化内涵包括物质文化和精神文化两个层面。品牌物质文化是品牌精神文化的基础，包括产品设计、包装、服务质量、视觉识别等有形元素，这些物质层面的文化体现了品牌的实用性和功能性。品牌精神文化与企业文化密切相关，包括品牌价值观、人文历史、态度、情感、责任、义务等，这些文化要素构成了品牌的独特个性和精神象征。在农产品品牌建设中，突出农产品品牌的历史、风俗、地理等文化特征，有助于塑造农产品品牌个性，拉近农产品与消费者的关系。

"李子柒"通过短视频将中国传统饮食文化展现在观众面前，引起了观众共鸣，唤起了品尝的心理需求和自己动手制作的冲动。"李子柒"视频中的田园乡村背景，给人带来大自然美景和地方特色美食的享受。轩妈蛋黄酥传递"母亲对孩子的浓浓关爱"，告知消费者：这是"妈妈做的蛋黄酥!"三只松鼠将动漫松鼠形象和坚果类食品联系在一起，塑造了电商 IP 文化。认养一头牛创始人立志要让中国的消费者喝上中国企业生产的安全、高品质的牛奶。这种要振兴中国奶业的社会责任感获得市场消费者的认同。沱沱工社将专做有机农业、生产安全的食品作为自己承担的社会责任而感动消费者。百果园倡导"不好吃三无退货"的贴心服务，仅十年时间其门店数就从 100 多家发展到超 1 000 家，销售额从 20 亿元增加到超 100 亿元。盒马鲜生打造了集网上购物、门店体验于一体的新零售商业文化，其经营规模稳定增长。

4. 迅猛的网络营销

通过互联网新媒体进行品牌营销，可以取得裂变式宣传推广的效果。常见的网络营销方式包括公司网站或者网店、电子邮件、社交媒体、视频平台、即时通信工具和电子书等。在电商平台裂变宣传中，品牌可以通过提供优惠或奖励，吸引用户参与并分享给其他人。在社交媒体裂变宣传中，品牌可以通过发布有价值的内容，吸引用户的关注和转发。在视频平台裂变宣传中，品牌可以通过有趣、有价值的内容，吸引用户的关注和分享。在搜索引擎裂变宣传中，品牌可以通过竞价排名来扩大知名度。此外，品牌还可通过邮件、博客、论坛、软文广告等，迅速扩大品牌影响力。网络营销因其信息传播速度快，省去了许多中间环节，故成本低，价格竞争优势明显。

"李子柒"的美食短视频之所以火爆，就是借助互联网新媒体的裂变式宣传；认养一头牛之所以能在短短的六年时间一跃而成为乳制品行业的佼佼者，拥有超 4 000 万网上粉丝，就是充分利用了互联网新媒体的传播效果；三只松鼠利用电商平台，白手起家在网上销售坚果类食品，不到八年时间其年销售额就突破

100 亿元，充分展现了网络营销的爆发力；良品铺子是一家连锁经营线下门店的休闲食品零售企业，2012 年开始经营线上电商，其营业收入快速增长，到 2021 年仅十年时间，网上销售额就达到 48.6 亿元，超过线下销售额 13.6%，在新冠疫情期间其线上销售额增长速度远大于线下门店销售额；作为纯网上超市的朴朴，以手机 App 为主要销售平台，仅仅七年时间其营业收入就从 0 做到近 300 亿元。

5. 及时的应答互动

与实体店经营一样，"回头客"是最稳定的客户群。在电商领域，食品行业拥有最高的复购率，可达 60%，而商家的获利也主要来自重复购买，因而商家在培养新客户的同时，要特别注重客户互动，增加客户信任，留住客户。

在电商平台上生产者（经销商）和消费者之间进行直接交流，通过即时通信、社交媒体评论等功能，可以迅速回应消费者疑问，建立更紧密的产销联系。

定期的短信互动、节日问候、会员商品、免邮、礼品赠送、秒杀或限时折扣、退换货免运费等也是增强客户互动的方式，可以增加复购率。

在新媒体传播中，直播互动性更好。在直播中大家可以随时交流，随时提问。除了传统的打赏，屏幕上还可以随手点击优惠券、红包等，用户和粉丝拥有"边看边买""边玩边买"的快乐体验。商家可随时收集客户对产品反映的问题，发现消费者的兴趣点，随之可非常快地调整商品介绍的内容。这些就注定了直播销售比传统的线下门店销售和普通电商更有吸引力，也更加生动活泼。

认养一头牛、沱沱工社、叮咚买菜、美团优选、朴朴、百果园、盒马鲜生等都对顾客建立了网上及时应答互动服务系统。例如，朴朴的顾客只要在手机 App 平台下单，就可随时查看运输途中货物的位置，还可以随时与客服互动。

6. 便捷的物流配送

物流配送是生鲜电商的关键环节之一。随着互联网购物越来越普及，生鲜电商不断优化物流配送体系，通过更加先进的仓储和运输技术来保障产品的新鲜度和及时交付；同时与第三方物流公司的合作也越来越紧密。

为了解决农产品的保鲜问题，电商物流企业已开发出一些新型保鲜技术。例如真空包装、真空预冷、低温冷藏、气调贮藏等技术，并通过推广冷链物流技术，确保农产品在物流配送过程中的质量和口感不受影响。另外，通过建立完善的信息管理系统，对生鲜农产品运输过程中涉及的各个环节进行实时监控和数据采集，及时发现并处理异常情况，确保货物在运输途中安全可靠，同时能够为消费者提供更加透明、舒适、可信的购物体验。这些技术的应用提高了消费者的满意度和品牌忠诚度。

认养一头牛、沱沱工社、叮咚买菜、顺丰优选、美团优选、百果园、盒马鲜生等都因为有完备的物流配送系统，而成为生鲜电商的佼佼者。

为了完善我国生鲜农产品物流配送体系，应继续建设改造县级物流配送中心和乡镇快递物流站点；鼓励邮政、供销、快递、商贸流通等主体市场化合作，整合各类物流资源；进一步完善冷链源头基点网络，构建产销冷链物流服务体系，减少农产品产后损失和流通环节浪费，降低物流成本。

7. 融合的 O2O 模式

O2O 模式，即线上与线下相结合的经营模式。无论是纯电商起家的食品品牌，还是线下门店起家的食品品牌，经过一定时期发展之后，都会实施 O2O 模式。

生鲜食品电商 O2O 模式的优势主要表现在：能让消费者和商家通过互联网形成数据交互，让整个生鲜食品零售过程更高效。对于商家来说，O2O 模式下客户需求不再模糊不清，而是有翔实可靠的数据作为支撑；对于消费者来说，O2O 模式意味着生鲜购物过程变得越来越贴近真实需求，同时服务越来越个性化、多元化。

现在在大城市的周边地区，出现了集特色或有机农产品种植、在线销售、农庄生态休闲、家庭亲子体验等活动于一体的农业园区（农业庄园），即用网络招揽客人，客人可到农业园区体验各种农业活动等，这是农业 O2O 模式发展的高级形态。网易味央、认养一头牛、沱沱工社、顺丰优选、百果园等都是 O2O 经营模式比较好的范例。

在移动互联网发展的背景下，O2O 模式的优势通过大数据分析和优化得到更充分体现。通过收集和分析移动营销活动的数据，包括用户行为、点击率、转化率等指标，企业可以了解营销策略的效果，并进行相应的优化和改进；通过大数据分析，可以揭示用户偏好、市场趋势以及竞争对手的活动，从而以数据指导下一步营销决策；通过持续优化移动营销策略，企业可以不断提高广告投资回报率和用户参与度。

8. 严格的市场监管

品牌资产主要由知识产权构成，是一种无形资产，是企业营销投入之后的价值沉淀，是企业最有价值的资产之一，甚至在一定程度上超过有形资产的价值。

当一个品牌得到消费者认可和信任，进而建立起消费者心理与品牌价值之间紧密关联时，品牌资产价值就有了保证。保护品牌免受侵权是企业持续发展的关键。

知识产权分三种：商标、专利和著作权。品牌名称和标识图案都可以申请商标注册，受到《商标法》的保护；外观设计、工艺流程、配方等可以申请专利，受到《专利法》的保护；计算机程序、网页设计等可以申请著作权，受到《著作权法》的保护。电商企业的网页作品是智力创作的成果，能够以有形的形式复制，具有独创性，符合我国著作权法规定的作品构成要件，属我国著作权法保护的范围。而企业网站设计中所使用的编制网页的程序以及在设计过程中所使用的文字、美术、摄影等作品也属于著作权法保护的范围。因此，在网站建设过程中，既有如何保护自己对网页所拥有的著作权的问题，又有如何不侵犯他人著作权的问题。在跨境电商中，知识产权直接关系到企业的核心竞争力和海外事业的发展，必须给予高度重视。

作为农产品电商企业，一方面要遵守国家有关法律法规，另一方面要利用国家有关法律法规来保护自己的品牌权益。2018年3月，拥有第31类（生鲜蔬菜、水果等食品类）"百果园"商标的东方祥麟菜果基地有限公司（以下简称海南百果园），以侵犯商标权为由起诉了深圳百果园事业发展有限公司（以下简称深圳百果园，即本书的"百果园"品牌），要求其停止侵权行为并索赔9 103万元。深圳百果园是国内知名的水果连锁专卖店，于2004年核准注册了"百果园"第35类（广告、推销、进出口代理等服务类）商标，并在门店招牌、自媒体、小程序、网络平台等处使用"百果园"标识。2019年8月，法院驳回了原告海南百果园的诉讼请求，并判海南百果园负担本案受理费496 950元。深圳百果园胜诉的主要理由是两个百果园商标属于不同的商标类别，而且深圳百果园是一家水果连锁专卖店，不存在商标侵权行为。

2019年11月，郑某在新浪微博、微信公众号、新浪网等16个网络平台上发表其撰写的《被"毒"坚果绊倒的三只松鼠》一文，将"三只松鼠"与毒坚果走私案相联系。三只松鼠公司以该文侵犯其名誉权为由诉至法院。法院认定郑某发表的文章内容失实，具有诽谤性，侵犯三只松鼠公司名誉权，判令其向三只松鼠公司赔偿经济损失30万元、合理维权费用4万元。2023年3月，三只松鼠起诉河南两家食品企业侵害商标权（被告销售的食品包装标识与三只松鼠注册商标极为近似，导致相关消费者混淆，侵犯了其注册商标专用权），法院判决三只松鼠胜诉，两被告被判赔偿6万元。2023年4月，三只松鼠起诉某食品公司包装装潢设计侵权案，法院判决该被告赔偿三只松鼠公司经济损失及合理开支 100 万元。三只松鼠凭借有关法律有效维护了品牌权益。

2023 年 3 月 9 日，认养一头牛针对市场上出现的"认养 1 头牛"App 以认养牛只投资返利等方式诱导社会公众投资的侵权诈骗行为，在互联网媒体上发布了一则《关于谨防不法分子冒用认养一头牛名义实施诈骗行为的声明》，告知顾客提高警惕，仔细甄别，切勿上当受骗；如发现任何冒用行为，或个人利益受到侵害，请及时向公安部门进行报案。认养一头牛借助法律手段维权，有力打击了侵权诈骗行为，提高了公司的声誉和品牌知名度。

市场监管方面，除了企业严格遵守有关法律法规和打击侵权行为外，国家政府有关部门要制定和完善有关法律法规，并实行严格监管。自 2023 年 12 月 1 日起，国家市场监督管理总局正式实施《食用农产品市场销售质量安全监督管理办法》，其中，针对群众反映图片和视频的"生鲜灯"误导消费者问题，已有明确规定：销售生鲜食用农产品，不得使用对食用农产品的真实色泽等感官性状造成明显改变的照明等设施误导消费者对商品的感官认知。近些年，各地市场监管部门依照《广告法》《食品安全法》等，对食品网络营销特别是食品直播营销中的虚假宣传、产品质量、价格诱导、品牌侵权等方面问题实行严格的监管和处罚，以保护消费者的权益和遵纪守法企业的权益。

互联网＋农产品品牌建设未来展望

通过对本书十三个互联网＋农产品品牌建设案例的分析并结合最新的有关文献资料，我们可以看出并推论未来互联网＋农产品品牌建设的一些发展趋势。笔者认为，今后较长一段时间互联网＋农产品品牌建设将呈现以下六个较明显的趋势性特点：

1. 产品特色化、标准化

产品或服务是品牌的基础。农产品品牌建设的核心内容就是要做出有特色的产品，并通过标准化技术规范保证产品的品质，从而获得消费者（用户）对品牌的认可和忠诚。在电商时代，赢得顾客忠诚、提高复购率是保障企业利润和可持续发展的关键。产品的特色构成品牌的个性特点，而产品的标准化能够保证品牌产品品质的一致性，并获得消费者对品牌个性特点的认知，从而建立起消费者与品牌之间的内在联系，有助于口碑传播和市场推广。

农产品品牌特色化塑造，亦即产品差异化打造，其主要方式有：动植物品种差异化，这是最重要、最显著的产品特色化手段，如娟姗奶牛所产奶的蛋白质和乳脂含量比一般奶牛都要高；生产地域差异化，即不同区域地理环境、土壤、温湿度和日照等自然条件的差异，致使农产品在色泽、风味、外观和口感上表现出一定的独特性，如"橘生淮南则为橘，生于淮北则为枳"；栽培、饲养、加工等生产技术的不同，致使农产品在外观、营养成分、口感等方面表现出一定的差异，如水果套袋、套模具技术，可生产出带"福""寿"等汉字的苹果，"娃娃脸型"的甜瓜和"方形"西瓜等。

我国有很多特色农产品没有成为名牌农产品，其中一个很重要的原因就是未能做到标准化。我国农业生产的组织形式多以分散经营的小农经济为主，而要发展壮大，种植业需要进行适度规模经营，畜牧业需要解决集中饲养的粪尿排放问题，水产业需要解决水质污染问题，在此基础上建立一套覆盖种养殖生产过程，贯通加工、储运、配送多环节，全产业链、全供应链的标准化制度体系，这将是今后较长时期内农产品电商品牌建设的重要工作。

2. 手机移动互联网电商化

手机已成为现代人生活必不可少的一部分，甚至就像身体的一部分，人走到哪儿手机就带到哪儿。所以，今后互联网将会与手机紧密连接在一起，构筑移动互联网。所谓移动互联网营销，就是基于手机、平板电脑等移动通信终端，利用互联网技术基础和无线通信技术，通过在线活动创造、宣传、传递品牌价值，并且对客户关系进行移动系统管理，从而达到品牌产品的营销目的并建立消费者对品牌的忠诚。移动互联网营销方式主要包括 WAP（Wireless Application Protocol，无线应用协议，即支持使用移动设备方便快捷地接入互联网，实现移动电子商务）、App（Application，泛指手机应用程序）、彩信、IM（Instant Messaging，即时通信）聊天软件等，这些新的网络营销方式具有灵活性强、精准性高、推广面大、互动性好等特点，因而被广大用户所接受。

随着智能手机和移动互联网的普及，预计未来移动端交易，特别是基于 App 的营销将占据主导地位。因此，在进行农产品品牌打造时应积极开发和维护移动端平台，提供更加便捷、安全、快速的移动购物体验。

3. 视频直播主流传媒化

视频和直播越来越成为网络营销的主流形式。手机上的视频和直播因其能多维度展示品牌产品、接近现实而受到用户青睐。特别是直播，具有实时的冲击力，通过名人（或电商达人）代言，以其及时互动性和多角度展现，能有效增加顾客信任感，促成购买行为。

通过互联网社交媒体和内容平台，以视频形式将品牌产品推广给目标用户，实现从"人找货"到"货找人"的转变。随着社交媒体和视频内容平台（如抖音、快手）的不断发展，内容电商已经成为越来越受欢迎的营销方式。农产品电商企业可以通过在社交媒体上发布有关农村生活、农产品生产等相关内容，吸引目标用户，提高销售额。

随着5G甚至6G通信技术的普及，将为视频直播互动提供更为便捷的技术支撑环境。例如，5G等高新技术因其拥有特大宽带、极低时延和特大接入容量等特性，将能够支持更多实时互动功能，如在线问答、连麦等。同时，在线互动形式也将更加多样化，内容更加丰富，例如虚拟现实技术和增强现实技术的应用将为互动体验带来更加真实和立体的感觉。

4. 线上线下营销一体化

随着新零售概念的兴起，OMO品牌营销一体化成为一种发展趋势。通过线下实体店、体验馆等渠道营销，可以增强消费者对农产品的了解和信任，提高购买意愿；同时，线下实体店还可以提供更加便捷的购物体验和售后服务，提高消费者满意度和忠诚度。线上App和线上旗舰店等可将消费者的信息集中起来，通过大数据分析，实现更精准的营销和新产品开发。

未来，农产品电商的渠道将向线上渠道和线下渠道拓展。线上渠道通过自营App、淘宝、京东、拼多多、抖音等平台销售，线下渠道通过实体店、超市、集市等销售。农产品电商企业可以结合所经营的产品特点和企业发展战略，选择适合的渠道进行品牌营销，实现线上渠道和线下渠道一体化发展。

5. 全产业链运营管理化

质量安全是品牌农产品的基本要求。实施农业全产业链运营管理，构建保障农产品质量安全的全产业链监管体系，才能有效保障农产品的质量安全，才能筑牢农产品品牌建设的物质基础。通过全产业链运营管理，能够有效传递和提升农产品品牌的价值，更容易得到消费者对品牌产品的认可，还能开创农产品消费的新风尚，增加消费者对农产品品牌的联想素材；同时，可以有效地掌控各产业环节的生产成本，从而获得更多的增值价值，增强品牌的综合竞争力。

数字化、人工智能技术为农产品全产业链运营管理提供了更高水平的智能化服务。例如，农产品生产基地的远程视频监控管理，库存商品的数字化和货物的自动化提取，农产品质量检测和溯源系统，网页展示商品的数字化分类管理，智能客服，智能推荐等，这些新技术、新设备的应用可以大大提高农产品电商的效率和准确性，提高消费者的购物体验和品牌忠诚度。

6. 品牌生态圈合作共赢化

跨界营销、跨界合作，对于品牌传播的最大益处就是让原本毫不相干的元素相互渗透、相互融合，从而给品牌带来一种立体感和纵深感。一般而言，可以建立"跨界"关系的不同品牌，它们之间是非竞争性、互补性关系，这种互补性主要表现在用户体验上的互补而非功能上的互补，具有明显差异性。

农产品品牌生态圈是由不同市场主体和产业链要素协同共创的，即由生产者、中间商、消费者、服务商、非营利组织、政府等市场主体构成的"权益价值链"和由种植/养殖、加工、包装、物流、营销、服务等构成的"产业链"交互作用，共同打造以消费者为中心的品牌生态圈价值共同体。

农产品电商跨界品牌营销，通过多业态联动如与教育、农场体验、文化活动、餐饮、旅游、无人零售等联动，多品牌联名营销如同业品牌联名、IP跨界联名、传统节日联名、公益活动联名、社会名人联名等，可实现"$1+N>N$"的品牌合作共赢目的。

最后，笔者斗胆预测一下：到本世纪中叶，当我国建设成为社会主义现代化强国时，世界农业（食品业）品牌100强中很可能有60%以上来自中国！

张光辉
2024年6月于广州